기도의 열정

존 맥아더 저 :: 서진희 옮김

베드로서원

* 이 책은 개인학습 또는 그룹학습을 위해 구성되어 있으며, 개인학습과 그룹학습을 위한 가이드가 별책으로 되어 있음.

기도의 열정

● ● ● **추천의 글**

    성경에 철저히 입각하여 말씀을 풀어가는 강해설교의 대가인 존 맥아더는 너무나 익숙하기에 간과해 왔던 주님이 가르쳐 주신 기도 속에 담긴 풍부한 신학적 교훈을 「기도의 열정」에서 탁월하게 풀어내고 있다. 이 책을 통해 우리는 우리의 소심하고 수동적인 기도의 틀 안에 머물 수 없는 '진리가 폭발하는 우뢰소리'를 듣게 된다. 그 폭발 에너지가 우리의 심령에 기도의 열정을 일으켜 하늘 보좌에 폭풍처럼 부딪치는 기도의 능력을 체험하도록 이끌어 줄 것이다. 기쁨과 감사로 추천한다.

-오정현(사랑의교회 담임목사)

● ● ● **차례**

소개의 말

제1부 기도의 태도
    제1장 마음을 하나님께로 향하라 ... 14
    제2장 은밀하게 주님을 구하라 ... 37

제2부 기도의 패턴
    제3장 "우리 아버지" ... 62
    제4장 "이름이 거룩히 여김을 받으시오며" ... 79
    제5장 "나라가 임하시오며" ... 100
    제6장 "뜻이 하늘에서 이루어지이다" ... 116
    제7장 "오늘날 우리에게 일용할 양식을 주옵시고" ... 141
    제8장 "우리의 죄를 사하여 주옵시고" ... 156
    제9장 "악에서 구하옵소서" ... 180

제3부 행동으로 하는 기도
    제10장 옳은 것들을 위한 기도 ... 194
    제11장 잃어버린바 된 자들을 위한 기도 ... 213

●●● 소개의 말

마틴 로이드 존스(Martyn Lloyd-Jones)는 "기도는 모든 의문을 뛰어넘는, 인간의 영혼이 도달할 수 있는 가장 높은 차원의 활동이다. 사람은 무릎을 꿇고 하나님 앞에 나아갈 때 가장 위대하고 가장 거룩한 경지에 이르게 된다"라고 하였다. 오스왈드 샌더스(Oswald Sanders)도 기도에 대해 다음과 같이 말한다.

기도만큼 복잡성과 단순성이 잘 조화된 영적인 활동은 없을 것이다. 기도는 어린아이의 말처럼 아주 단순할 수 있지만, 반면 가장 높은 곳에 계시는 존귀한 분에게 도달할 만큼 아주 숭고한 것이다. 기도는 늙은 철학자로부터 어린아이에 이르기까지 누구나 할 수 있다. 기도는 한 순간의 외침이기도 하고 또 평생에 걸쳐 하는 것이기도 하다. 기도는 쉼을 누리는 것이지만, 반면 영적 싸움을 싸우는 것이기도 하다. 기도는 고뇌이며 동시에 지고의 기쁨이다. 기도는 순종하는 것이지만 동시에 끈질기게 포기하지 않는 것이기도 하다. 기도는 하나님을 붙드는 것이며 마귀를 결박하는 것이다. 기도는 딱 한 가지만을 목표로 할 수도 있지만 세계를 뒤흔들 만큼 많은 것들을 목표로 할 수도 있다. 기도는 겸손한 고백이 될 수도 있고 또 하나님에 대한 숭고한 경배가 될 수도 있다. 기도는 보잘 것 없는 한 인간을 하나님의 전능하심으로 채우는 것이다.

기도의 본질은 친구와 대화를 하듯이 하나님과 대화하는 것이다. 물론 이때 미사여구를 동원해서 말만 그럴싸하게 하는 것이나 또는 경솔하고 천박하게 말하는 것은 아니다. 그런데 크리스천들 중에는 기도에 대한 잘못된 생각 때문에 기도생활을 제대로 하지 못하는 경우가 많다.

기도가 하나님과 교제하는데 너무 중요하고 또 하나님의 뜻을 이루는데 너무 효과적이기 때문에 마귀는 우리가 기도를 잘못 오해해서 그릇된 기도를 하도록 끊임없이 방해한다. 따라서 각 시대마다 기도에 대한 잘못된 개념들이 존재하거나 또는 기도에 대한 개념들이 타락한 경우를 종종 보게 된다. 우리는 그런 잘못된 개념들을 재정립해야 하며 또 기도의 의미를 걸러내어 순수하게 해야 할 필요가 있다.

많은 사람이 기도하기보다는 행동하기를 좋아한다. 하나님과 기도로 교제하는 것보다 실제 생활이나 사역에서 어떤 역할이나 임무를 맡는 것을 더 중요하게 여긴다. 하나님과의 의사소통은 바쁜 생활에 밀려 뒷전이 된다. 어떤 사람들의 기도에는 경외심과 존경심이 결핍되어 있다. 그들의 기도는 경박하며 존경심이 없고 불손하다. 어떤 사람들은 기도가 하나님께 이것저것 요구하는 것이라고 생각하기조차 한다. 그들은 자기들이 바라는 것을 하나님이 반드시 해주어야 한다고 생각하며 하나님께 그렇게 해달라고 강요한다. 어떤 사람들에게는 기도가 일상적인 의례에 지나지 않는다. 어떤 사람들은 깊은 경외심을 가지고 기도를 하기는 하지만 기도에 목적과 생명력이 결핍되어 하나님과 교제하는 시간이 기대에 미치지 못한다.

크리스천들이 기도해야 할 이유에는 여러 가지가 있다. 그러나 그 중에서도 가장 우선되어야 할 것 한 가지 있다. 마틴 로이드 존스는 그것에 대해 다음과 같이 말한다.

> 기도는 인간의 영혼이 다다를 수 있는 가장 높은 차원의 활동이다. 그러므로 기도는 인간의 영적인 상태를 테스트하는 궁극적인 시험이기도 하다. 기도생활만큼 크리스천들의 영적 현실을 적나라하게 보여주는 것은 없다. … 그러므로 궁극적으로 사람은 하나님 앞에 단독자로 있을 때, 즉 지극히 개인적인 공간에서 자기 스스로를 돌아볼 때 자기의 영적인 실상을 알 수 있다. … 우리는 사람들 앞에 있을 때는 말을 많이 하지만 하나님 앞에 혼자 기도할 때면 별로 할 말이 없어진다. 이것을 우리 스스로가 너무 잘 알고 있지 않은가? 그래서는 안 되지만 그럴 때가 많다.

그러므로 우리는 눈에 보이는 사람들과의 이런저런 일상들로 가득한 세계를 떠나 하나님 앞에 홀로 있을 때 우리의 진정한 영적 현주소를 알게 된다.

사실 크리스천들이 간절히 갈망하는 시간은 하나님과 홀로 있는 시간이어야 한다. 그러나 많은 신앙인들은 할 말이 별로 없어서 하나님과의 시간을 아주 짧게 가질뿐더러 아예 하나님 앞에 나가지도 않는다. 이것은 참으로 슬픈 일이 아닐 수 없다.

약 15년 전에 내가 그레이스커뮤니티교회(Grace Community Church)에서 마태복음, 특히 '주기도문'으로 알려진 마태복음 6장을 설교했을 때 그 설교로 말미암아 많은 사람들의 기도에 혁명이 일어났다. 그래서 나는 그것을 주제로 「예수님의 기도 방식」(Jesus' Pattern of Prayer)이라는 책을 쓰게 되었다. 그 책은 마태복음 6장에서 예수님이 제시하신 기본적인 기도의 틀과 방법을 집중적으로 다루고 있다.

고맙게도 그 책의 초판을 출판했던 출판사가 그 책에 대한 권리를 넘겨주었기 때문에 책의 내용 일부를 수정하여 빅터 북스(Victor Books)와 손을 잡고 시리즈 설교집중 일부로서 이 책을 펴내게 되었다.

이 책은 초판의 내용을 약간 수정한 것에 더하여 여러 신약 말씀들과 관련 내용들을 더 추가시킴으로서 독자들이 기도에 대해 더 깊이, 더 넓게 이해할 수 있도록 했다. 이 책의 중심 내용은 예수님이 제시한 기도의 틀이지만 그 외에도 신약성경의 저자들이 성령의 감동을 받아 주기도문을 바탕으로 기도를 좀 더 발전시킨 것에 대해 다루고 있다.

먼저 이 책에서는 모든 믿는 자들이 하나님과 대화할 때 반드시 갖추어야 할 태도가 무엇인지를 살펴볼 것이다. 모든 크리스천들은 기도할 때 반드시 하나님께 온 마음을 집중해야 한다. 그렇게 함으로써 기도가 매일의 일상에서 자연스러운 습관으로 자리 잡도록 해야 한다. 1장에서는 끊임없이 기도하는 것이 얼마나 중요한 것인지를 살펴보고 정의해 볼 것이다. 그와 동시에 잘못된 태도로 기도하는 것을 경계해야 할 필요가 있다는 것도 살펴볼 것이다. 기도의 잘못된 태도가 바리새인들을 타락하게 했다. 그들은 기도의 시간을 하나님을 영화롭게 하고 하나님 앞에 겸손히 낮아져야 할 시간으로 여기기보다 자기들의 영성을 사람들 앞에 자랑하는 기회로 삼았다.

제자들도 위선적인 종교지도자들의 악영향으로 말미암아 기도에 대해 잘못된 관점을 가지고 있었다. 예수님은 이것을 바로 잡아주기 위해 제자들에게 기도의 틀을 제시해 주었다. 그 기도의 틀에는 하나님 중심적이고 의로운 기도의 필수 요소들이 포괄적으로 담겨있다. 이 책의 중요 부분에서는 주기도문의 각 문장을 하나하나 다루어볼 것이다. 예수님은 이 기도에서 처음부터 끝까지 우리의 관심을 하나님의 경이로움, 영광, 존귀함 등 하나님께 집중하도록 한다.

마지막 부분에서는 독자들이 기도에 대해 배운 것들을 실제로 삶에 적용하도록 하기 위해 믿는 자들이 무엇을 기도해야 할 것인지를 구체적으로 살펴볼 것이다. 이 책을 읽다보면 하나님이 말씀을 통해 그의 자녀들의 삶의 우선순위를 바로 잡아 주듯이 기도를 통해서도 동일한 일을 하시는 것을 깨닫고 놀라지 않을 수 없을 것이다.

나는 독자들이 이 책을 읽으면서 하나님과의 기도의 시간을 통해 놀라운 힘과 열정을 얻을 수 있다는 것을 다시 한 번 깨닫기를 기도한다. 또한 기도는 하나님을 설득해서 우리의 뜻을 따르고 우리의 이기적인 욕망을 채워주도록 하게 하는 것이 아니라 하나님의 주권과 의로움과 존귀함을 받아들이고 우리의 갈망과 우리의 인생목적을 하나님과 하나님의 영광을 위한 것에 두려고 노력하는 것임을 깨닫기를 기도한다.

기도의 태도

chapter 1

마음을 하나님께로 향하라

크리스천에게 있어서 기도는 호흡이다. 호흡은 대기가 허파를 압박해서 저절로 숨을 쉬게 만드는 것이기 때문에 무의식중에 이루어진다. 그렇기 때문에 숨을 쉬는 것보다 숨을 쉬지 않는 것이 오히려 더 힘들다. 이와 마찬가지로 거듭나서 하나님의 가족이 될 때 우리는 영적인 대기권 안으로 들어가게 된다. 거기서는 하나님의 임재와 은혜라는 대기가 우리의 영혼에 압박을 가한다. 기도는 그러한 압박에 대한 자연스러운 반응이다. 크리스천이 되는 순간 우리는 거룩한 대기권 안으로 들어가 기도로 은혜의 대기를 숨 쉬게 된다. 그렇게 할 때만이 우리는 이 세상의 어둠의 세력을 이기고 살아남을 수 있다.

불행히도 많은 믿는 자들이 하나님과의 시간을 짧게 보내도 얼마든지 살아남을 수 있다고 생각하면서 영적인 호흡을 아주 짧게 하고 살아간다. 영적인 호흡을 그런 식으로 제한하는 것은 죄의 소원으로 말미암은 것이다. 사실 모든 믿는 자들은 늘 하나님의 임재 속에 살아야 하며 크리스천으로서의 역할을 다하기 위해 하나님의 진리를 끊임없이 들이마셔야 한다.

오늘날 우리 사회는 매우 자유롭고 풍요하기 때문에 크리스천들이 하나님의 은혜를 피부로 느끼고 의지하기보다 막연히 하나님의 은혜를 받고 있을 것이라는 가정 하에 살아가기 쉽다. 그러다 보니 눈에 보이는 육적인 축복들에 만족하고 영적인 축복들에 대해서는 거의 소원이 없는 크리스천들이 너무 많다. 육적인 것들을 의지하다 보니 영적인 필요를 거의 느끼지 못하는 것이다. 프로그램들이나 수단들이나 돈이 놀라운 결과들을 가져다 줄 때 사람들은 이러한 인간적인 성공을 신성한 축복과 혼동하는 경향이 있다. 그 결과 우리는 크리스천들이라고 하면서도 막상 실제 삶에서는 하나님이 필요 없는 실용적인 휴머니스트들처럼 행동하며 살 수가 있다. 그렇게 될 때 하나님과 하나님의 도우심을 향한 간절한 열망은 사라지게 될 것이며, 따라서 하나님의 권한위임도 사라지게 될 것이다.

이러한 엄청난 위험 때문에 바울은 믿는 자들에게 "항상 기도하라"(엡 6:18) 또 "기도를 계속하라"(골 4:2)고 촉구하고 있다. 끊임없는, 포기하지 않는, 끈질긴 기도는 크리스천의 삶에 없어서는 안 되는 것이며, 이것은 하나님을 의지하는 마음에서 온다.

: : 기도의 빈도

예수님의 지상사역 기간은 3년밖에 되지 않은 아주 짧은 기간이었다. 그러나 예수님은 그 3년 동안 기도하는데 많은 시간을 보냈다. 공관복음서에는 예수님이 하나님 아버지와 대화하기 위해 새벽 미명에 습관을 좇아 기도했다고 기록하고 있다. 저녁에는 혼자 감람산이나 다른 한적한 곳으로 가서 기도했다. 예수님께 있어서 기도는 매일 공기를 호흡하는 것과 같았다. 예수님은 하나님과의 끊임없는 교제를 삶에 실천했다.

예수님은 제자들도 그렇게 하도록 했다. "너희는 장차 올 이 모든 일을 능히 피하고 인자 앞에 서도록 항상 기도하며 깨어 있으라"(눅 21:36)

초대교회는 끊임없이 깨어 기도하라는 그리스도의 명령을 받아들였고 또 실천했다. 120문도들은 오순절 전날 마가다락방에 함께 모여 마음을 같이 하여 오로지 기도에 힘썼다(행 1:14). 오순절에 신도의 수가 3천 명이 더 늘어났을 때도 그들은 기도에 힘썼다(행 2:42). 사도들이 커진 사역을 효과적으로 섬기기 위해 교회를 체계적으로 운영해야겠다고 느꼈을 때 그들이 했던 말은 "우리는 오직 기도하는 일과 말씀 사역에 힘쓰리라"(행 6:4)였다.

사도 바울은 헌신적인 기도에 있어서 본이 되는 삶을 일생동안 살았다. 그의 서신서에 나오는 축복기도들을 읽어보라. 그가 동역자들을 위해 매일 기도했다는 것을 알 수 있을 것이다. 그는 로마에 있는 성도들에게 "하나님이 나의 증인이 되시거니와 항상 내 기도에 쉬지 않고 너희를 말하며 … 구하노라"(롬 1:9~10)고 말했다(참조: 고전 1:4, 엡 5:20, 빌 1:4, 골 1:3, 살전 1:2, 살후 1:3, 몬 4). 그는 믿는 자들을 위해 "밤낮으로"(살전 3:10, 딤후 1:3) 기도했다.

바울은 먼저 자기 자신이 성도들을 위해 끊임없이 기도했기 때문에 성도들에게도 자기처럼 기도하라고 권면할 수가 있었다. 그는 데살로니가 성도들에게 "쉬지 말고 기도하라"(살전 5:17)고 촉구했고, 빌립보 성도들에게는 염려하지 말고 "다만 모든 일에 기도와 간구로, 너희 구할 것을 감사함으로 하나님께 아뢰라"(빌 4:6)고 했으며, 골로새 성도들에게는 "기도를 계속하고 기도에 감사함으로 깨어 있으라"(골 4:2, 참조: 롬 12:12)고 말했다. 그리고 에베소 성도들에게도 세상 어둠의 세력들과 싸우기 위해 영적으로 무장하도록 하면서 "모든 기도와 간구를 하되 항상 성령 안에서 기도하고 이를 위하여 깨어 구하기를 항상 힘쓰며 여러 성도를 위하여 구하라"(엡 6:18)고 말했다.

끊임없는 기도는 주님과의 살아있는 관계를 위해서, 그리고 이 세상에서 주님의 능력을 드러내기 위해 반드시 필요하다.

생명의 길

나는 어렸을 때 사람이 어떻게 쉬지 않고 기도할 수 있는지 의아하게 생각했던 적이 있었다. 나는 크리스천들이 눈을 감고 머리를 숙이고 두 손을 모은 채 이리저리 걸어 다니다가 여기저기서 부딪히는 모습을 상상했다. 물론, 특정 시간을 정해서 특정 자세로 기도하는 것은 하나님과 대화를 유지하는데 매우 중요하다. 그러나 "항상 기도한다는 것"은 한창 활동을 왕성하게 해야 하는 시간에 반드시 특정한 곳에 가서 특정 형식을 갖추고 기도해야 한다는 것을 의미하지는 않으며, 기도의 의례적인 형식이나 틀을 갖추어야 한다는 것을 의미하지도 않는다.

"쉬지 않고 기도하라는 것"은 끊임없이 입술을 움직여 소리 내어 기도하라는 것이 아니라 매일 삶의 매순간마다 기도하라는 말이다. 이처럼 기도는 우리의 삶의 일부로 자리 잡아야 한다.

19세기 유명한 설교자 찰스 스펄전(Charles H. Spurgeon)은 쉬지 않고 기도하는 것이 무엇인지에 대해 명확한 그림을 제시해 주고 있다.

전쟁터에 나간 용사들이 항상 적을 향해 창을 세우고 말을 달리는 것은 아니다. 그러나 그들은 휴식을 취할 때도 항상 손이 닿는 곳에 무기를 두며, 언제 다가올지 모르는 죽음과 공격에 대비하고 있다. 철저히 훈련된 용사들은 무장을 한 채 잠을 잘 때도 많았고, 잠을 자면서도 항상 깨어 있었다. 이와 마찬가지로 우리도 잠을 잘 때조차도 기도 가운데 깨어 있어야 한다. 그렇게 할 때 혹시 밤에 주님이 오시더라도 우리는 주님과 함께 할 수 있을 것이며, 삶 속에서 더욱 더 주님을 바라보게 될 것이다. 영국 해안선에 우뚝 서있는 망루의 봉화대에서 늘 불꽃이 솟구치는 것은 아니었지만, 불의의 때에 무적함대가 쳐들어올 것을 대비해서 항상 마른 장작들과 불씨들로 만반의 준비를 갖추고 있었던 것처럼 우리의 마음도 그렇게 되어야 할 것이다. 우리의 영혼은 절규의 기도가 수시로 터져 나오는 상태를 유지해야 한다. 장사하던 것을 멈추고, 계산대를 떠나서, 무릎을 꿇어야 할 필요는 없다. 우리의 영혼은 침묵 속에서, 아주 짧고 신속하게 은혜의 보좌로 기도와 간구를 전달할 수 있다. …

용사들이 무기를 늘 가지고 다니는 것처럼 크리스천들은 기도라는 무기를 늘 가지고 다녀야 한다. 우리는 간구라는 칼을 절대로 칼집에 넣어서는 안 된다. 우리의 마음은 적을 향해 겨누기는 했지만 막상 총알이 장전되지 않은 총처럼 되어서는 안 된다. 오히려 대포알이 장전된 발사 직전의 대포처럼 되게 해야 한다. 우리의 영혼은 항상 기도를 하고 있을 필요는 없지만 항상 기도의 에너지로 충만해야 한다. 실제로 기도하고 있을 필요는 없지만 기도의 의지를 항상 가지고 있어야 한다.

나는 항상 기도한다는 것이 계속 주님을 의식하면서 사는 것이라고 생각한다. 하나님 아버지를 깊이 의식하고 하나님 아버지께 순종하는 삶을 산다면 그 안에서 우리가 보고 경험하는 모든 것이 일종의 기도가 될 수 있다. 그것은 내가 나의 가장 친한 친구 되신 하나님과 매사를 함께 하는 것과 같다. 나는 하나님과 순간순간 대화를 한다. 유혹을 느낄 때면 하나님 앞에 그것을 내어놓고 하나님의 도우심을 구한다. 뭔가 아름답고 좋은 것을 경험할 때면 그것으로 인해 즉각 하나님께 감사한다. 악한 것들을 볼 때면 하나님께 그것을 바로 잡아주시도록 기도하며, 만약 하나님의 뜻이라면 그것을 바로 잡는데 우리를 사용해달라고 구한다. 그리스도를 알지 못하는 사람을 만날 때면 그 사람을 그리스도께로 인도해 주시도록 기도하며, 그것을 위해 우리를 충성된 증거자로 사용해 주시도록 기도한다. 어려움을 만날 때면 우리를 그 어려움에서 건져내 주시도록 기도한다.

　　이처럼 인생은 끊임없는 기도의 연속이다. 인생을 살아가면서 갖게 되는 모든 생각과 행동들, 상황들은 우리가 하나님 아버지와 대화할 수 있는 기회들이다. 그런 식으로 우리는 "땅의 것을 생각하지 않고 끊임없이 위의 것을 생각할 수 있다"(골 3:2).

하나님과의 교제

　　하나님이 우리를 구원하신 궁극적인 목적은 하나님을 영화롭게 하기 위한 것이며, 하나님과 친밀하고 풍성한 교제를 나누도록 하기 위한 것이다. 그렇기 때문에 하나님께 기도하지 않는 것은 그 목적을 부인하는 것이다. 사도 요한은 "우리가 보고 들은 바를 너희에게도 전함은 너희로 우리와 사귐이 있게 하려 함이니 우리의 사귐은 아버지와 그의 아들 예수 그리스도와 더불어 누림이라"(요일 1:3)고 말했다.

직장에서 가장 친한 친구와 하루 종일 함께 있다고 상상해 보라. 분명히 나는 그 친구가 내 옆에 있다는 것을 내가 하루 종일 의식할 것이다. 그 외에도 나는 그 친구를 다른 친구들이나 직장 동료들에게 소개하고 또 그날 있었던 여러 가지 일들을 그에게 말할 것이다. 그러나 만약 내가 그 친구에게 한 마디도 하지 않고 마치 그가 그 자리에 없는 것처럼 행동한다면 그 친구의 기분이 어떨까? 기도하지 않는 것은 주님을 그렇게 대접하는 것이다. 만약 우리가 주님과 대화하는 것처럼 뜸하게 친구들과 대화를 한다면 우리는 금방 친구를 잃게 될 것이다.

주님과의 교제는 하늘나라에 가야만 하는 것이 아니다. 하나님이 간절히 바라고 또한 우리에게 절실히 필요한 것은 현재 주님과 끊임없이 교제하는 것이다. 기도보다 하나님과의 교제를 더 잘 표현할 수 있는 것은 없으며, 또 기도보다 하나님과의 교제를 더 잘 경험하게 해줄 수 있는 것은 없다.

19세기 목사인 E. M. 바운즈(Bounds)는 기도에 대한 그의 저서 「기도의 목적」(Purposein Prayer)에서 주님과의 교제를 발전시키는 방법을 가르쳐 주고 있다.

기도는 정신없이 바쁜 하루 일과에 쫓겨 가장 뒤로 미루어도 되는 의미 없는 일이나 의무가 아니다. 만약 하루 일과를 끝내고 지친 몸을 쉬고 싶다는 이유로, 또 아침에 시간에 쫓긴다는 이유로, 또는 밤이 너무 늦었다는 이유로 잠깐 무릎 꿇고 기도하는 것으로 만족해 버린다면 우리는 주님의 명령에 불순종하는 것이다. 하나님은 항상 우리를 부르고 계신다. 그것은 사실이다. 하나님의 귀는 자녀들의 부르짖음을 향해 열려 있다. 그러나 우리가 전화로 급하게 몇 마디 할 때처럼 그런 식으로 기도해 버린다면 우리는 하나님을 절대로 알 수 없다. 친근감은 점점 깊어지는 것이다. 하나님을 아는 것은 우리에게 주어진 특권이다. 그러나 깊은 생각 없이 내가 원하는 것만 짧게 단편적으로 계속 반복해서 말하는 것으로는 하나님을 절대로 알 수 없다. 그런 식으로는 천국의 왕이신 분과 대화할 수가 없다. "기도의 목표는 하나님의 귀이다." 그 목표는 오직 인내로 꾸준히, 끈질기게, 온 마음을 다해 하나님께 귀 기울이며 기다릴 때 도달할 수 있다. 그렇게 할 때만이 우리는 하나님을 알 수 있다. 또 하나님을 더 잘 알게 될 때 우리는 하나님의 임재 속에서 더 많은 시간을 보내게 될 것이고, 더 큰 기쁨을 끊임없이 발견하게 될 것이다.

기도의 방법과 수단

바울은 에베소서 6장 18절에서 "모든 기도와 간구를 해야 한다"고 말하고 있다. 여기 '기도'라는 말의 그리스어 원어(살전 5:17에서도 동일하게 번역되어 있음)는 신약성경에서 기도를 말할 때 가장 많이 사용된 말로서 일반적인 요청을 의미한다. 또 '간구'는 구체적인 기도를 의미한다. 바울이 이 두 가지 단어를 다 사용한 것은 우리가 기도할 때 모든 형태의 기도들을 적절하게 골고루 취해야 할 필요가 있다는 것을 보여주고 있다.

자세

"항상 기도"하려면 다양한 자세가 필요하다. 왜냐하면 사람이 하루 종일 같은 자세만 취하고 있을 수는 없기 때문이다. 성경에 보면 사람들이 서서(창 24:12~14), 두 손을 들고(딤전 2:8), 앉아서(느 1:4), 무릎을 꿇고(막 1:40), 하늘을 우러러 보며(요 17:1), 엎드려(출 34:8), 머리를 무릎 사이에 넣고(왕상 18:42), 가슴을 치며(눅 18:13), 성전을 향하여(단 6:10) 기도했다는 기록들이 나와 있다.

상황들

오늘날 사람들은 기도가 일정한 틀과 형식이 있어야 한다고 생각하는 경향이 있다. 반면에 성경은 사람들이 여러 가지 다양한 상황 속에서 다양한 모습으로 기도했다고 기록하고 있다. 사람들은 베옷을 입고(시 35:13), 재에 앉아서(욥 1:20~21, 2:8), 가슴을 치면서(눅 18:13), 눈물을 흘리면서(시 6:6), 머리에 재를 뿌리면서(수 7:6), 금식하며(신 9:18), 근심 중에 한숨을 쉬며(스 9:4~15), 탄식하며(시 6:4~6), 울부짖으며(히 5:7), 땀방울이 핏방울이 되도록(눅 22:44), 통회하며(시 34:18), 맹세하며(행 18:18), 희생제물을 드리며(시 20:1~3), 찬송을 하며(행 16:25) 기도했다.

장소

성경은 사람들이 전쟁에서(대하 13:14~15), 동굴에서(왕상 19:9~10), 골방에서(마 6:6), 동산에서(마 26:36~44), 산에서(눅 6:12), 강가에서(행 16:13), 해변에서(행 21:5~6), 거리에서(마 6:5), 성전에서(왕상 8:22~53), 침대에서(시 4:3~4), 집에서(행 9:39~40), 물고기의 뱃속에서(욘 2:1~10), 지붕에서(행 10:9), 감옥에서(행 16:23~26), 광야에서(눅 5:16), 십자가에서(눅 23:33~34, 46)와 같이 여러 장소에서 기도했다고 기록하고 있다. 바울은 디모데전서 2장 8절에서 "각처에서 남자들이 … 거룩한 손을 들어 기도하기를 원하노라"고 말했다. 충성되고, 성령으로 충만한 크리스천들에게는 모든 장소들이 기도의 장소이다.

시간

나는 몇 년 전에 목사들을 위한 컨퍼런스에 갔다가 어떤 사람이 '아침 기도'를 주제로 설교하는 것을 들었다. 그는 자기가 전하려는 핵심을 드러내기 위해 여러 성경구절들을 찾아 사람들이 아침에 기도했다는 사실을 입증해 보여주었다. 그래서 나도 그 사람처럼 사람들이 기도했던 때와 관련된 성경말씀들을 찾아보았다. 그것은 하루에 세 번(단 6:10), 저녁에(왕상 18:36), 식사 전에(마 14:19), 식사 후에(신 8:10), 9시에(오후 3시, 행 3:1), 잠자리에서(시 4:4), 한 밤중에(행 16:25), 밤낮으로(눅 2:37, 18:7), 자주(눅 5:33), 고난 중에 있을 때(왕하 19:3~4), 매일(시 86:3), 항상(눅 18:1, 살전 5:17) 등 이었다.

기도는 어떤 시간에나, 어떤 자세로나, 어떤 장소에서나, 어떤 상황에서나, 어떤 복장으로 하거나 상관이 없다. 기도는 삶 자체이며 하나님과 지속적으로 이루어지는 교제이다. 우리는 그리스도 안에서 하나님의 모든 무한한 자원들을 얼마든지 쓸 수 있다. 그러므로 기도를 통해 하나님의 능력을 의지하는 삶을 살지 않으려는 생각은 아예 하지도 말라.

동시에 발생하는 마음

믿는 자들은 자신의 부족함을 느낄 때 하나님을 온전히 의지하게 된다. 자기의 부족함을 느끼며 하나님을 의지하는 한 우리는 끊임없이 기도하게 될 것이다. 우리는 기도할 때 하나님께로부터 오는 엄청난 유익들을 누릴 수 있게 된다. 바로 그것 때문에 바울은 우리에게 "쉬지 말고 기도하라 항상 기뻐하라 범사에 감사하라"(살전 5:16~18)고 말했다. 이 말씀은 아름답게 균형 잡힌 하나님과의 교제를 보여주고 있다. 우리가 우리의 필요와 다른 사람들의 필요를 위해 구체적으로 간구할 때 기도응답도 구체적으로 받을 수 있다. 또 그 뿐만 아니라 하나님이 우리에게 부어 주시는 풍성한 축복으로 인해 기뻐하고 감사할 수 있다.

: : 기도의 열정

하나님과의 교제는 하루 종일 이루어져야 하기 때문에 기도의 열정을 사그라지게 하는 것들을 상상해서는 안 된다. 바울은 골로새 성도들에게 "기도를 계속하고 기도에 감사함으로 깨어 있으라"(골 4:2)고 말했고, 또 에베소 성도들에게는 "깨어 구하기를 항상 힘쓰며"(엡 6:18)라고 말했다. 우리는 하나님의 뜻을 이루기 위해 기도할 때 깨어있게 되며 끈질기고 열정적인 마음을 갖게 된다.

깨어 있는 마음

가장 단순한 의미에서 보면 바울의 깨어 있으라는 이 명령은 기도하는 동안 졸거나 잠들지 말고 깨어 있으라는 의미이다. 예수님은 겟세마네 동산에서 베드로, 야고보, 요한에게 예수님이 기도할 동안 깨어 있으라고 부탁했다(마 26:38). 제자들이 예수님을 배반할 때가 다가오고 있었기 때문이었다. 그러나 예수님이 돌아왔을 때 그들은 잠들어 있었다. 그래서 예수님은 제자들에게 "너희가 나와 함께 한 시간도 이렇게 깨어 있을 수 없더냐 시험에 들지 않게 깨어 기도하라 마음에는 원이로되 육신이 약하도다"(마 26:40~41)라고 말했다. 잠자면서 기도하는 것은 불가능하다. 하나님과 대화를 할 때도 사람과 말할 때와 마찬가지로 깨어서 집중해야 한다.

그러나 골로새서 4장 2절과 에베소서 6장 18절의 바울의 명령은 단순히 잠에서 깨어 있는 상태만을 의미하지 않으며 그 이상의 의미가 있다. 믿는 자들은 무엇을 위해 기도해야 할 것인지를 알아야 한다. 다시 말하면 기도제목들을 알아야 한다. 베드로는 깨어 있지 못하고 실패했던 과거의 경험을 통해 이 사실을 더 깊이 통감했음이 분명하다. 그는 베드로전서에서 "너희는 정신을 차리고 근신하여 기도하라"(4:7)고 말하고 있다.

크리스천들은 때로 구체적으로 기도하지 않고 막연하게 개괄적으로 기도하기 때문에 기도응답을 받아도 구체적으로 깨닫지 못할 때가 많다. 바로 이런 이유 때문에 구체적인 기도가 중요하다. 경우에 따라 개괄적으로 기도하는 것이 적절할 때도 있지만 대부분 우리는 구체적인 기도와 기도응답을 통해서 하나님의 사랑과 능력을 체험할 수가 있다. 예수님은 "너희가 내 이름으로 무엇을 구하든지 내가 행하리니 이는 아버지로 하여금 아들로 말미암아 영광을 받으시게 하려 함이라 내 이름으로 무엇이든지 내게 구하면 내가 행하리라"(요 14:13~14)고 약속하셨다.

주님을 계속 구하고 찾는 크리스천들은 기도응답에 대해 구체적으로 관심을 가진다. 만약 우리가 다른 사람들의 필요와 구체적인 문제들에 대해 깨어 있지 않다면 그런 것들에 대해 구체적으로 열심히 기도할 수 없을 것이다. 그런 문제들로부터 깨어 있을 때 우리는 하나님의 응답도 민감하게 느낄 수 있을 것이며, 응답이 올 때 즐거워 할 것이고, 하나님께 감사와 찬양을 돌리게 될 것이다.

끈기

불행히도 대부분의 크리스천들은 그들의 삶에 또는 주변의 사랑하는 사람들의 삶에 무슨 문제가 생기기 전까지는 기도할 것을 심각하게 고려해보지 않는다. 그러나 문제가 생기면 그 때에야 의지를 가지고, 구체적으로, 끈질기게 기도하게 된다. 하지만 바울은 우리가 항상 깨어 기도해야 하며, "깨어 구하기를 항상 힘써야"(엡 6:18) 한다고 말하고 있다. "항상 힘써야"라는 말과 "기도하기를 계속하고"(골 4:2)라는 말의 그리스 원어는 'pros-kartereo'라는 말에서 유래된 것으로서 'kartereo'(확고한 또는 인내심이 많은)라는 말과 그 말의 의미를 강화시켜주는 전치사 pros가 합쳐진 합성어이다. 이 말의 동사형의 의미는 "용기와 끈기를 가지다" "꽉 잡고 절대로 놓치지 않다"라는 뜻을 가지고 있다. 이 말은 모세가 이스라엘 백성들을 이집트에서 데리고 나올 때 모세의 충성과 인내를 표현할 때 사용되었다(히 11:27). 기도에 헌신한다는 것은 열심히, 용기 있게, 끈질기게 모든 것을 하나님 앞에 간구를 들고 나오는 것이다. 특히 다른 사람들의 필요를 들고 나오는 것이다. 인생에서 어려움과 힘든 일을 겪고 있는 크리스천들을 포함하여 다른 여러 사람들의 필요와 문제에 민감하게 관심을 가질 때 우리는 바울이 디모데를 위해 했던 것처럼 그들을 위해 "밤낮으로"(딤후 1:3) 기도하게 될 것이다.

주님이 보여주신 기도의 본

예수님은 끈질긴 기도의 본을 보여주셨다. 히브리서 5장 7절에서는 "그는 육체에 계실 때에 자기를 죽음에서 능히 구원하실 이에게 심한 통곡과 눈물로 간구와 소원을 올렸고 그의 경건하심으로 말미암아 들으심을 얻었느니라"고 말하고 있다. 이 말씀은 지상에서의 예수님의 기도의 삶을 잘 보여주고 있다. 예수님의 삶은 깊은 고뇌와 강렬한 의지가 합쳐진 열정적인 기도로 점철된 삶이었다. 성경에는 예수님의 기도에 대해 많이 언급되어 있지는 않지만 예수님이 밤새 기도할 정도로 끈질기게 기도했다고 분명하게 기록되어 있다(눅 6:12).

예수님의 열정적인 기도를 가장 잘 보여주는 대목은 죽음을 앞두고 동산에서 기도하는 장면이다. 누가는 "그들을 떠나 돌 던질

만큼 가서 무릎을 꿇고 기도하여 이르시되 아버지여 만일 아버지의 뜻이거든 이 잔을 내게서 옮기시옵소서 그러나 내 원대로 마시옵고 아버지의 원대로 되기를 원하나이다 하시니… 예수께서 힘쓰고 애써 더욱 간절히 기도하시니 땀이 땅에 떨어지는 핏방울같이 되더라"(눅 22:41~42, 44)고 기록하고 있다. 동일한 사건에 대한 마태복음의 기록에서는 예수님이 세 번이나 간절하게 하나님께 구하는 것을 볼 수 있다(마 26:36~46). 그것은 일생에 걸쳐 가장 열정적이고 간절한 기도였고 제자들은 그때 도저히 잠을 이기지 못해 몇 번이나 잠에 빠졌었다.

예수님은 이 땅에 계실 때 아주 놀라운 일들을 많이 행하셨다. 그러나 그중에 그 어떤 일도 그날의 기도처럼 많은 에너지를 소모하지 않았다. 성경 여기저기에 예수님이 놀라운 기적을 행했다는 기록이 많이 있지만, 예수님이 그런 기적을 행할 때 이처럼 많은 힘을 쏟아 부으며 씨름했다고 기록된 곳은 한 군데도 없다. 오직 그 겟세마네 기도에서만 땀방울이 핏방울이 되기까지 씨름하며 고뇌하며 기도했다고 기록되어 있다. 그러한 끈기는 우리에게 매우 낯설다. 그러나 예수님은 제자들도 이런 종류의 끈기와 열정을 배우기를 바라면서 아래의 두 가지 비유를 들려주셨다.

예수님의 비유들

예수님께서 들려주신 많은 비유들 중에 두 개의 비유는 다른 비유들과는 좀 다르다. 하나님에 관한 비유라는 점에서는 같지만 다른 비유들에서는 하나님과 비슷한 인물들을 부각시킨 반면 누가복음 11장과 18장에서는 하나님과 반대되는 대조적인 인물들을 부각시킨다. 그렇게 함으로써 끈질긴 기도의 가치를 강력하게 보여주고 있다.

"너희 중에 누가 벗이 있는데 밤중에 그에게 가서 말하기를 벗이여 떡 세 덩이를 내게 꾸어 달라 내 벗이 여행 중에 내게 왔으나 내가 먹일 것이 없노라 하면 그가 안에서 대답하여 이르되 나를 괴롭게 하지 말라 문이 이미 닫혔고 아이들이 나와 함께 침실에 누웠으니 일어나 네게 줄 수가 없노라 하겠느냐 내가 너희에게 말하노니 비록 벗됨으로 인하여서는 일어나서 주지 아니할지라도 그 간청함을 인하여 일어나 그 요구대로 주리라 내가 또 너희에게 이르노니 구하라 그러면 너희에게 주실 것이요 찾으라 그러면 찾아낼 것이요 문을 두드리라 그러면 너희에게 열릴 것이니 구하는 이마다 받을 것이요 찾는 이는 찾아낼 것이요 두드리는 이에게는 열릴 것이니라"(눅 11:5~10)

예수님은 또 한 가지 비유를 통해 왜 제자들이 낙심하지 말고 항상 기도해야 하는지에 대해서 말씀하셨다.

"예수께서 그들에게 항상 기도하고 낙심하지 말아야 할 것을 비유로 말씀하여 이르시되 어떤 도시에 하나님을 두려워하지 않고 사람을 무시하는 한 재판장이 있는데 그 도시에 한 과부가 있어 자주 그에게 가서 내 원수에 대한 나의 원한을 풀어 주소서 하되 그가 얼마 동안 듣지 아니하다가 후에 속으로 생각하되 내가 하나님을 두려워하지 않고 사람을 무시하나 이 과부가 나를 번거롭게 하니 내가 그 원한을 풀어 주리라 그렇지 않으면 늘 와서 나를 괴롭게 하리라 하였느니라 주께서 또 이르시되 불의한 재판장이 말한 것을 들으라 하물며 하나님께서 그 밤낮 부르짖는 택하신 자들의 원한을 풀어 주지 아니하시겠느냐 그들에게 오래 참으시겠느냐 내가 너희에게 이르노니 속히 그 원한을 풀어 주시리라 그러나 인자가 올 때에 세상에서 믿음을 보겠느냐 하시니라"(눅 18:1~8)

위의 비유에서 친구와 불의한 재판장은 하나님과는 대조적이다. 만약 그렇게 불의하고 또 별로 내키지 않는 마음을 가진 사람들도 끈질기게 구했을 때 결국 그 간청에 응한다면 거룩하시고 사랑이 많으신 하나님 아버지는 우리가 간청할 때 얼마나 더 잘 들어주시겠는가? 예수님은 우리에게 혹시 기도에 대한 응답이 즉각 오지 않거나 또는 상황이 바라는 대로 되지 않더라도 "낙심하지 말라"고 하신다. 그러므로 포기하지 말고 끈질기게 기도하라. 계속 두드려보고, 구하며, 간청하라.

스펄전은 끈기의 중요성에 대해 아래와 같은 통찰을 제시해 준다.

우리는 끈질기게 기도해야 합니다. 우리는 자비를 얻을 때까지 끊임없이 꾸준히 계속 기도해야 하며 잠시도 쉬지 말아야 합니다. "우리는 항상 기도해야 합니다." 매주, 매달, 매년 기도해야 합니다. 아버지들은 자녀들의 구원을 위해 기도해야 합니다. 아내들은 믿지 않는 남편들이 구원을 얻게 되기까지 남편들을 위해 기도해야 합니다. 그것이 10년 20년이 걸리더라도 절대로 기도의 줄을 놓아서는 안 됩니다. 그런 기도를 어느 정도하다가 도중에 중단해서도 안 됩니다. 생명이 붙어있는 한, 그리고 기도의 대상이 살아있는 한 야곱의 전능하신 하나님께 꾸준히 기도해야 합니다. 목사들은 성도들의 축복을 가끔씩 빌다가 상황이 별 진전이 없으면 중단하는 식으로 기도해서는 안 되며, 잠시도 쉬지 않고 또 힘을 아끼지 않고 열정적으로 천국의 창들이 열려서 쌓을 곳이 없도록 축복이 내려질 때까지 부르짖으며 계속 기도해야 합니다. 그러나 형제들이여, 과연 우리는 하나님께 그렇게 자주 기도했습니까? 오랫동안 문이 열리기까지 기다리지 못해 기도를 중간에 그만 둔 적이 얼마나 많습니까! 우리는 자비의 문 앞에서 한두 번 두드려보고는 문이 호의적으로 열리지 않으면 자기 길로 가버립니다. 많은 기도들이 마치 어린아이들이 장난치듯 문을 두드렸다가는 막상 문이 열리면 그 두드렸던 사람은 온데간데없이 사라져버리고 없는 경우가 많습니다. 오, 하나님의 천사와 함께 두 발을 굳게 디디고 흔들리지 말고 서 있으십시오. 절대로, 절대로, 절대로 굳게 붙든 것을 놓지 마십시오.

우리가 간구하는 이유는 반드시 기도를 통해서 성공해야 하기 때문이며, 우리의 영혼이 기도를 의지해야 하기 때문이며, 하나님의 영광이 기도를 통해 드러나야 하기 때문이며, 우리 친구들이 위험에 처해있기 때문입니다. 우리가 우리의 삶과 소중한 사람들의 삶이 더 부요해지는 것은 포기하더라도 사람들의 영혼만큼은 도저히 포기할 수 없다면 우리는 응답을 받을 때까지 거듭거듭 간절히 기도해야 합니다.

바울이 쉬지 말고 기도하라고 말한 것은 누가복음 11장과 18장에서 끊임없이 기도하라고 하신 예수님의 가르침을 뒷받침하는 것이다. 기도할 때 말을 많이 한다고 해서 들으신바 되는 것은 아니기 때문에 우리는 마음 깊은 곳에서 우러나오는 기도를 드려야 한다. 친구에게 찾아와서 빵을 구한 사람은 틀을 갖춘 기도문을 낭송하지 않았다. 그는 자기가 필요한 것을 간청했을 뿐이다. 과부의 끈질긴 기도에서도 마찬가지이다. 그녀는 힘 있는 사람에게 찾아가서 자기의 소원을 들어달라고 간청했을 뿐이다. 우리의 마음 깊은 곳에서 우러나오는 끈질긴, 끊임없는 기도는 긍휼이 많으신 사랑의 하나님을 움직인다.

힘

바울이 기도에 대해 말한 것 중에 가장 중요하면서도 설득력 있는 주장은 "성령 안에서" 기도하라는 것이다(엡 6:18, 참조: 유 20). 이러한 기도는 방언을 말하는 것, 또는 무아지경에 빠지거나 초자연적인 경험을 하는 것들과는 무관하다. 성령 안에서 기도하는 것은 그리스도의 이름으로 기도하는 것이다. 그것은 그리스도의 성품과 뜻에 맞게 기도하는 것이다. 성령 안에서 기도하는 것은 "우리의 연약함을 도우시는" 성령의 뜻과 온전히 연합한 마음으로 기도하는 것이다. "이와 같이 성령도 우리의 연약함을 도우시나니 우리는 마땅히 기도할 바를 알지 못하나 오직 성령이 말할 수 없는 탄식으로 우리를 위하여 친히 간구하시느니라 마음을 살피시는 이가 성령의 생각을 아시나니 이는 성령이 하나님의 뜻대로 성도를 위하여 간구하심이니라"(롬 8:26~27) 스가랴 12장 10절에서는 성령을 "은총과 간구하는 영"이라고 기록하고 있다. 우리가 끊임없이 기도해야 하는 것과 마찬가지로 성령도 우리를 위해 끊임없이 기도해 주고 있다는 사실을 알라. 우리가 성령 안에서 기도할 때 우리는 아버지 하나님과 아들과 성령의 뜻에 따를 수 있게 된다.

 우리는 어떻게 기도를 성령의 뜻에 맞게 할 수 있을까? 성령으로 충만한 삶을 삶으로서 그렇게 할 수 있다. 성령으로 충만한 삶을 살며 성령의 뜻에 순종할 때 성령께서 우리의 생각을 다스려 주실 것이며, 우리의 기도는 성령의 뜻과 조화하게 될 것이다. 성령의 뜻과 하나님의 말씀에 순종하며 그의 인도하심과 능력을 의지할 때 우리는 아버지 하나님, 그리고 그의 아들과의 더 깊고 친밀한 교제로 나아가게 될 것이다.

　우리의 삶이 기도에 그대로 반영되어야 한다. 하나님에 대해 깨닫고 배운 모든 것들이 하나님 앞에 홀로 나아가 기도하도록 우리를 이끌어줄 수 있어야 한다. 이것을 삶의 목표로 삼으라. 그리고 삶의 모든 구석구석까지 기도로 주님 앞에 들고 나아오라.

chapter 2

은밀하게 주님을 구하라
Seeking the Lord in Secret

꾸준한 기도에는 위험이 내포되어 있다. 꾸준히 기도를 하다보면 나중에 사람들에게 보이기 위한 습관적이고 열정 없는 기도로 전락해버릴 수 있기 때문이다. 17세기 청교도 목사인 존 프레스톤(John Preston)은 그런 위험을 아래와 같이 표현하고 있다.

공식적이거나 관례적으로 또는 겉치레에 가까운 기도를 하는 사람은 하나님과 사람을 속이는 죄에 빠질 수 있습니다. 주님은 기도의 횟수보다는 기도의 무게를 더 중요하게 여기십니다. 기도가 마치 주검처럼 그 안에 생명력과 열정이 없으면 하나님은 그 기도를 받지 않으십니다. 그런 거짓된 것에 넘어가지 마십시오. 그런데 그런 거짓이 믿는 자들 사이에 만연되어 있습니다.

하나님과 사람들을 속이다 보면 그런 사람은 양심에 찔림을 받게 됩니다. 따라서 그는 양심의 찔림에서 벗어나기 위해 기도의 행위 자체에 매달림으로서 만족을 누리려고 할 것입니다. 그리고 그런 상황은 시간이 갈수록 점점 악화됩니다. 그러나 하나님은 그러한 의무적인 기도에는 관심을 두지 않습니다.

어떤 주인이 하인에게 일을 시키려고 할 때 그 주인의 관심사는 하인이 그냥 왔다 갔다 하면서 일하는 시늉만 내는 것이 아니라 그 일이 실제로 진행되는 것일 것입니다. 다른 일들을 시킬 때도 마찬가지입니다. 그는 형식적인 것에는 아무 관심도 없을 것이며 종이 일을 잘해서 자기에게 유익을 주기를 바랄 것입니다. 만약 그 사람이 종을 보내 군불을 떼도록 했는데 마르지도 않는 싱싱한 풀을 숯불 위에 덮어버리면 불이 붙지 않는 것은 당연할 것입니다. 군불을 떼려면 마른 나무를 가지고 와야 하며 또 불이 붙을 때까지 바람을 불어넣어야 합니다.

그러므로 만약 우리의 마음이 마르지 않은 풀처럼 기도할 준비가 제대로 되어 있지 않다면 의무감에서 사람들 앞에서 겉으로 뜨겁게 기도해 보려고 아무리 스스로를 재촉해도 여전히 마음은 차가운 상태로 남아 있을 수밖에 없습니다. 사랑하는 형제자매들이여, 그렇게 하면 우리에게 주어진 기도의 의무를 다할 수 없습니다. 기도의 의무는 우리의 마음이 미리 기도로 잘 조율되어 있고, 온도가 잘 맞춰져 준비되어 있을 때 효과적으로 수행될 수 있습니다.

만약 마음에 죄악 된 정욕이 있다면 우리가 해야 할 일은 먼저 기도로 그것과 씨름하는 것입니다. 문제가 무엇인지 살펴보아야 하며, 주님 앞에 그것을 조심스럽게 들고 나가서 우리의 영혼이 제대로 방향을 잡게 되기까지, 우리의 마음이 하나님과 관계를 회복하기까지, 씨름하기를 포기해서는 안 됩니다. 만약 우리의 마음이 나누어져서 세상을 향해 있다면 그것을 떨쳐버리고 돌이켜야 합니다. 만약 기도의 심령이 죽어버렸거나, 기도하고 싶은 생각이 점점 없어진다면 우리의 영혼이 주님을 바라보도록 해야 하며 기도의 생활이 다시 활기를 얻기까지 그것을 포기해서는 안 됩니다. 이런 의무적인 기도는 주님께서 받으십니다. 그렇게 하지 않으면 정말 기도가 위선적인 외식행위로 빠져버리게 됩니다. 사람이 마지못해 의무적으로 기도하는 습관을 버리려고 노력하지 않으면서 겉으로만 활기차게 열심히 열정적인 모습으로 기도를 하다보면 그것이 위선적인 외식행위가 되는 것입니다.

　하나님과 사람들을 속이는 것은 신성모독의 죄를 짓는 것입니다. 그리고 목적을 가지고 열심히 기도하는 사람은 거룩한 사람입니다. 그런데 위선자는 그 둘 사이에 있습니다. 그것은 하나님과 사람을 속이는 것과 비슷한 행동이긴 하지만 완전히 그렇다고는 볼 수 없습니다. 그러므로 만약 스스로 알지 못하는 사이에 매일매일 의무감에서, 대충, 형식적으로 기도를 했다면 그것이 외식하는 행위라는 것을 인식하십시오. 사람들 앞에서 기도의 의무를 꾸준히 이행하려고 할 때는 먼저 생명력과 열정을 가져야 한다는 것을 기억하십시오. 그런 기도가 바로 하나님께서 받으심 직한 기도입니다.

슬픈 사실이지만 믿는 자들 중에 프레스톤의 말에 전혀 해당되지 않는 사람은 아무도 없을 것이다. 어느 정도는 다 해당된다. 사탄은 항상 신성하고 거룩한 것을 침범하려고 한다. 사실, 어떤 것이 거룩하면 거룩할수록 사탄은 그것을 더 모독하려고 한다. 그러므로 주님과 믿는 자들이 나누는 거룩하고 친밀한 기도의 시간을 침범하는 것보다 사탄이 더 즐거워하는 것은 별로 없을 것이다. 죄는 우리가 하나님의 거룩한 임재를 체험할 때조차도 우리에게서 떨어져나가지 않고 딱 달라 붙어있다. 마틴 로이드 존스(Martyn Lloyd-Jones)는 교만보다 더 강력하고 파괴적인 죄는 없으며, 주님을 예배하기 위해 순수한 마음으로 주님 앞에 나아오는 그 순간조차도 우리는 우리 자신을 경배하고 싶은 유혹을 받는다고 말한다.

우리는 죄를 시궁창 같은 밑바닥 인생에서나 볼 수 있는 것들이라고 생각하는 경향이 있다. 우리는 술 취한 사람, 노숙자 등과 같이 하류 인생을 살아가는 사람들을 보면서 그 가운데 죄가 있다고 생각한다. 그러나 그것이 죄의 진수는 아니다. 죄를 올바로 알려면 위대한 성자로 대우받는 사람들, 비범하리만큼 신성하고 거룩한 사람들을 들여다보아야 한다. 그가 하나님 앞에 무릎을 꿇을 때를 보라. 그때에도 인간의 자아는 머리를 쳐들며, 자기 자신을 생각하는 죄와 유혹에 빠진다. 그는 자기 스스로를 아주 훌륭하고 하나님이 기뻐 받으시는 사람이라고 생각하며 하나님보다 자기 자신을 높인다. 다른 것이 아니라 바로 이것이 죄다. 물론 다른 것들도 죄다. 그러나 다른 죄들에서는 죄의 진수, 죄의 절정을 보지 못한다. 이것을 다른 말로 하면, 만약 우리가 사탄의 본성과 활동들을 정말 알고 싶다면 인생의 추한 것들을 연상할 필요가 없다. 정말 사탄에 대해 알고 싶다면 주님께서 40주야를 보내신 광야로 가보라. 그것이 사탄의 진정한 모습이며, 그곳은 하나님의 아들을 유혹했던 사탄을 볼 수 있는 곳이다.

죄는 크리스천으로서 우리가 스스로 지켜야 할 것들을 쉽게 포기하도록 유혹한다. 그리고 그런 사탄의 유혹에 쓰러질 때 무의식중에 위선이 삶의 한 습관으로 자리 잡게 된다. 위선은 아주 포착하기 어려우면서도 파괴적인 힘을 갖고 생명력 있는 크리스천들에게 다가가기 때문에 주님은 위선을 신봉하는 자들, 즉 외식하는 자들을 자주자주 책망하셨다. 예수님 시대에 위선의 죄를 가장 많이 짓는 사람들은 유대인 종교 지도자들이었다. 사실 그들은 예수님을 가장 많이 도와줘야 할 입장에 있는 자들이었지만 실제로는 예수님의 가장 큰 원수가 되었다. 그것은 예수님의 의로운 말과 행동이 그들의 불의한 행위들을 정죄했기 때문이었다.

따라서 예수님은 악한 영향으로부터 제자들을 보호하기 위해 "바리새인들의 누룩 곧 외식을 주의하라"(눅 12:1)고 하셨다.

바리새인들은 하나님이 이스라엘에게 가르쳤던 모든 선한 것들을 랍비 전통을 통해 오히려 부패시키고 타락시켰다. 기도도 예외는 아니었다. 기도에 대해 가장 중요하고 높은 기준을 제시해 주는 종교는 유다이즘 외에는 아무것도 없었다. 하나님의 택한 백성인 유대인들은 하나님의 말씀을 받은 특권을 누린 자들이었다(롬 3:2). 다른 어떤 나라나 민족도 유대인들처럼 하나님과 직접 대화를 나누는 그런 특별한 은혜를 누리지 못했다.

: : 기도에 대한 유대인의 관점

구약에 보면 유대인들은 기도하기를 갈망했다. 왜냐하면 유대인들은 그들이 하나님 앞에 가까이 나아가는 것을 하나님이 기뻐하신다고 생각했기 때문이었다. 이교도들은 자기들의 신들을 두려워했지만 하나님은 두려워하지 않았다. 사실 랍비들은 거룩하신 하나님이 의로운 자의 기도를 간절히 원한다고 생각했다. 분명 그들의 그런 생각은 "여호와께서는 자기에게 간구하는 모든 자 곧 진실하게 간구하는 모든 자에게 가까이 하시는도다"라는 시편 145편 18절을 바탕으로 한 것임에 틀림이 없다(참조: 시 91:15). 올바른 정신을 가진 참된 유대인들이라면 하나님이 기도의 어떤 면을 중요하게 여기는지에 대해 아무도 의문을 달지 않았다. 랍비들은 기도가 하나님과 의사소통을 하는 수단일 뿐만 아니라 하나님의 능력을 드러내 보여주는 강력한 무기라고 생각했다.

유대인들의 기도에 대한 이해

성경말씀은 하나님이 그의 백성들의 기도를 듣기 원하신다는 것을 분명하게 보여주고 있다. 시편 65편 2절은 "기도를 들으시는 주여 모든 육체가 주께 나아오리이다"라고 기록되어 있다. 구약성경 해설서인 미드라시(Midrash)는 시편 65편 2절에 대해 이렇게 말하고 있다. "유한한 인간은 두 사람과 동시에 대화할 때 상대방의 말을 완벽하게 이해하지 못한다. 그러나 하나님은 그렇지 않다. 모든 사람들이 하나님께 기도해도 하나님은 그 모든 기도를 들으시고 또 이해하신다."(라바Rabbah 21.4) 사람들은 다른 사람들의 말을 들어주다가 지칠 수도 있지만 하나님의 귀는 절대로 싫증을 내는 법이 없다. 하나님은 사람들의 기도에 싫증을 내지 않는다.

이에 더 나아가 유대인 선생들은 다급할 때만 기도하는 습관을 버리고 꾸준히 기도하라고 백성들에게 가르치고 있다. 랍비 전통을 집대성한 책인 탈무드는 "의사가 필요한 상황이 닥치기 전에 의사의 말을 존중하라 … 거룩하신 하나님이 말씀하시기를 '비가

오게 하고, 이슬이 떨어지게 하며, 사람이 먹고 살도록 곡식이 자라게 하는 것이 나의 일인 것처럼 내가 베푸는 일들로 인해 나를 찬양하고 나에게 기도하는 것이 너희의 일이다. 너희는 모든 일이 이렇게 잘 풀리는데 내가 과연 기도할 필요가 있을까? 불행이 내 앞에 닥치면 그때 내가 가서 간절히 간구하리라'라고 절대로 말하지 말라"(산헤드린 44b)고 기록하고 있다. 그것은 맞는 말이다. 기도는 다급할 때 사용하는 것이 아니다. 기도는 하나님과의 사랑의 교제를 바탕으로 끊임없이 이루어지는 대화이어야 한다.

유대인들의 기도의 요소

유대인들은 그들의 기도가 아래의 요소들을 통합한 것이 되어야 한다고 생각했다.

사랑이 담긴 찬양

시편 저자는 "내가 여호와를 항상 송축함이여 내 입술로 항상 주를 찬양하리이다"(시 34:1)라고 말했으며, 시편 51편 15절에서는 "주여 내 입술을 열어 주소서 내 입이 주를 찬송하여 전파하리이다"라고 말했다.

감사

요나는 "나는 감사하는 목소리로 주께 제사를 드리며"(욘 2:9)

라고 말했다. 하늘에서 내려오는 모든 축복의 근원이신 하나님과의 관계에서 하나님에 대한 감사는 항상 있어야 할 것이다.

경외

구약성경의 성도들은 하나님을 대할 때 사람을 대하듯 경외심 없이 대하지 않았다. 그들은 기도하는 것이 전능하신 하나님 앞에 나아가는 것이라는 것을 인식하면서 경외심을 가지고 하나님 앞에 섰다. 선지자 이사야는 "옷자락을 성전에 가득하게 하고 높이 들린 보좌에 앉아 있는"(사 6:1) 주님의 모습을 환상으로 보았다. 그때 그는 "내가 말하되 화로다 나여 망하게 되었도다 나는 입술이 부정한 사람이요 나는 입술이 부정한 백성 중에 거주하면서 만군의 여호와이신 왕을 뵈었음이로다"(사 6:5)라고 말했다.

인내심 있는 순종

구약시대의 유대인들은 마음이 올바르지 않을 때 기도하는 것은 잘못된 것이라고 생각했다. 시편 119편에서 176편까지는 그것을 분명하게 말해 주고 있다. 참된 유대인은 하나님 앞에 절대 순종하는 마음으로, 하나님을 기쁘시게 하려는 간절한 소원을 가지고 하나님 앞에 나아갔다.

고백

구약시대의 경건한 유대인들은 자기들이 부정하다는 것을 알고 있었기 때문에 기도로 하나님 앞에 나아갈 때 먼저 스스로를 죄로부터 정하게 해야 했다. 그것은 다윗이 "여호와의 산에 오를 자가 누구며 그의 거룩한 곳에 설 자가 누구인가 곧 손이 깨끗하며 마음이 청결하며 뜻을 허탄한 데에 두지 아니하며 거짓 맹세하지 아니하는 자로다"(시 24:3~4)라고 말했던 데서도 잘 볼 수 있다. 오직 죄를 다스릴 줄 아는 자들만이 하나님 앞에 나아갈 수가 있었다.

이기적이지 않은

유대인들 사이에는 우리가 상식적으로 이해할 수 없는 연대감과 결속력이 있다. 그 나라는 하나님의 다스림을 받는 신권국가였다. 이스라엘이 지금도 한 국가로 존재하고 있는 것은 그들에게 있어서 국가적인 정체성을 유지하는 것이 얼마나 중요한 것인지를 잘 보여준다. 따라서 그들은 공동체가 잘 되는 것을 위해 항상 기도한다. 그들은 개인주의적이지 않다. 예를 들면, 랍비들은 하나님이 여행자들의 기도를 듣지 않기를 기도했다. 그 이유는 그곳에 사는 주민들은 추수를 위해 비가 내리기를 기다릴 때 여행자들은 날씨가 좋아서 편하게 여행하기를 구할 수도 있기 때문이었다.

우리 중에 많은 이들이 기도할 때 주로 나, 나를, 나의와 같은 개인적인 인칭을 사용한다. 우리는 기도할 때 그리스도의 몸을 이루고 있는 다른 사람들을 생각하기보다 나의 필요들과 문제들에 대해서 주로 말하는 경향이 있다. 그러나 하나님은 전체를 위한 더 큰 계획을 가지고 있기 때문에 우리는 전체를 위해 우리에게 좋은 것을 기꺼이 희생할 줄 알아야 한다.

겸손

진정한 유대인들은 기도할 때 자기의 뜻을 하나님의 뜻에 복종시켰다. 이를 가장 잘 보여준 분은 참 유대인이었던 예수님이다. 예수님은 겟세마네 동산에서 기도할 때 "내 원대로 마시옵고 아버지의 원대로 되기를 원하나이다"(눅 22:42)라고 하나님 아버지께 기도했다. 우리도 기도할 때 우리의 뜻대로 해달라고 구하는 대신 하나님의 뜻을 따라야 한다. 우리를 통해 하나님이 뜻이 이루어지게 해달라고, 그리고 그것을 누릴 수 있는 은혜를 베풀어달라고 기도해야 한다.

끈기

구약에 나오는 진정한 믿음을 가진 유대인들은 끈질기게 기도해야 한다는 것을 가르쳐 주고 있다. 모세는 이스라엘 백성들이 금송아지를 예배했을 때 하나님이 그들을 용서해 주시도록 40일 동안 기도했다(신 9:25~26). 그는 끈질기게 기도했다.

:: 기도에 대한 랍비들의 왜곡

그렇게 위대한 기도의 유산을 받았음에도 불구하고 이스라엘의 기도생활에 몇 가지 잘못된 것들이 교묘히 파고 들어왔다(윌리엄 바클레이(William Barclay)는 「마태가 쓴 복음서」(The Gospel of Matthew)에서 이에 대해 다루고 있다).

기도가 의례화 됨

기도가 형식화되어 여러 가지 틀을 갖추게 되었고 또 화려하게 말로 꾸며지게 되었다. 그런 기도들은 단순히 읽거나 반복적으로 암송하는 식으로 이루어졌다. 그로 말미암아 기도가 일상적인, 별생각 없이 반복하는 종교적인 행위가 되어 버렸으며, 개인적인 의지나 열정이 전혀 들어가지 않은 채 줄줄 암송만하면 되는 것이 되었다.

형식화된 기도 중에 가장 일반적인 것들은 신명기 6장 4~9절, 11장 13~21절, 민수기 15장 37~41절 중에서 몇몇 성경구절들을 바탕으로 만들어진 셰마(Shema)와 여러 가지 다양한 상황에서 할 수 있는 열여덟 개의 기도를 통합시킨 셰모네 에스레이(Shemoneh 'esray, 열여덟 기도문) 이었다. 사람들이 어디서 무엇을 하든지 이 두 가지의 기도를 매일 해야 했다. 신실한 유대인들은 매일 아침, 오후, 저녁 이렇게 하루 세 번 셰모네 에스레이의 열여덟 개의 기도를 했다.

이 형식화된 기도를 할 때 기도의 태도와 특징을 기준으로 사람들을 세 부류로 구분해 볼 수 있다. 신실한 마음을 가진 유대인들은 기도할 때 하나님을 예배하고 영화롭게 하려고 했다. 그러나 어떤 사람들은 무성의하게, 기계적으로, 가능한 빨리 기도문들을 중얼중얼 거리고 끝내버렸다. 반면 바리새인들이나 서기관들은 한마디도 틀리지 않고 운율을 정확하게 지키려고 최대한 주의하면서 기도문을 낭송하였다.

정해진 기도문들

유대인들은 빛, 어두움, 불, 비, 달, 여행, 좋은 소식, 나쁜 소식 등 모든 대상들, 그리고 모든 사건들에 해당하는 기도문들을 만들었다. 그렇게 한 그들의 본래의 의도는 삶의 모든 세세한 부분들까지 하나님 앞에 들고 나오기 위해서였을 것이다. 그러나 그들은 기도를 지나치게 단편화시킴으로써 원래의 좋은 의도를 손상시켰다.

유대인들은 기도를 특정 시간과 특정 행사에 맞게 미리 정해진 대로 하게 함으로서 기도를 관련 주제와 상황에 따른 관습적인 행위로 전락시켰다. 그런 기도는 진정한 갈망이나 필요에서 나온 것이 아니었다. 그럼에도 불구하고 다니엘과 같은 신실한 유대인들은 그런 기도의 시간들을 순수함과 신실함으로 하나님 앞에 나아가는 기회로 삼았다(단 6:10).

장황한 기도

종교지도자들은 기도의 거룩함과 능력이 기도의 길이에 달려 있다고 생각하며 장황한 기도가 좋은 기도라고 생각했다. 그러나 예수님은 "외식으로 길게 기도하는" 서기관들을 경고했다(막 12:40). 장황한 기도가 반드시 신실하지 않다는 것은 아니지만 그런 기도는 위선적이고, 중언부언하고, 기계적으로 말만 늘어놓는 경향으로 흐르기 쉽다. 오늘날 우리도 동일한 유혹에 빠져들 수가 있다. 우리는 의미 있는 기도를 말을 장황하게 늘어놓는 기도로 혼돈할 때가 많고 신실한 기도를 오랫동안 하는 기도로 혼돈할 때가 많다.

의미 없는 명판

유대인들의 가장 큰 실수는 아무 의미 없이 중언부언하는 이교도의 종교적인 기도의 관습을 받아들였다는 것이다. 그것은 엘리야가 바알 선지자들과 갈멜산에서 대결했을 때 바알 선지자들이 했던 것과 같은 기도이다. "아침부터 낮까지 바알의 이름을 불러 이르되 … 피가 흐르기까지 칼과 창으로 그들의 몸을 상하게 하더라"(왕상 18:26, 29) 그들은 말을 많이 하고 또 온 힘을 다해야 그들의 신이 듣고 반응한다고 생각하면서 신의 관심을 끌기 위해 똑같은 말을 몇 시간 동안이나 반복했다.

사람들에게 보이기 위해

기도의 방식이 극단으로 흘렀고 또 중언부언했다는 사실 자체로는 반드시 나쁘다고 할 수는 없지만 기도를 기회로 삼아 많은 사람들 앞에서 자기의 영성이 훌륭하다는 것을 나타내 보이려고 했다는 것은 본질적인 차원에서 볼 때 악한 것이다. 왜냐하면 그런 갈망은 교만에서 비롯된 것이며 또 교만한 자아를 만족시키려는 의도에서 비롯된 것이기 때문이다. 본 장의 앞부분에서 언급했던 대로 자기의 영광을 구하려는 죄악 된 동기가 궁극적으로 기도를 왜곡시킨 것이다. 그런 기도는 기도의 가장 중요한 목적인 하나님을 영화롭게 하는 목적을 상실한 것이다(요 14:13).

: : 그리스도의 정죄하심

마태복음 6장 5~8절에서 예수님은 참된 의와 거짓된 의를 비교하면서 바리새인들의 기도의 행위를 두 가지 면에서 비판했다. 그것은 그들의 기도가 자기중심적이라는 점과 기도에 아무런 내용이 없다는 점이었다. 이 두 가지는 바리새인들이 이스라엘 전

국가적으로 기도를 깊이 타락시킨 부분들이었다.

자기중심적인 기도

교만에는 뿌리가 있기 때문에 주님은 먼저 바리새인들이 사람들 앞에서 자기들의 영성을 훌륭하게 보이려고 기도하는 문제에 대해 다루었다. "또 너희는 기도할 때에 외식하는 자와 같이 하지 말라 그들은 사람에게 보이려고 회당과 큰 거리 어귀에 서서 기도하기를 좋아하느니라 내가 진실로 너희에게 이르노니 그들은 자기상을 이미 받았느니라"(마 6:5) 자기에게 집중하는 기도는 항상 위선적이다. 그 이유는 모든 진실 된 기도는 하나님께 집중할 수밖에 없기 때문이다.

'외식하는 자' 라는 말은 원래 연극에서 마스크를 쓰고 주어진 역할을 과장되게 연기하는 그리스 연극배우들을 지칭한 것이다. 따라서 외식하는 자들은 겉으로 경건한 척하는 사람들이다. 한마디로 연기를 하는 자들이다. 이를 볼 때 한 가지 분명한 것은 그들의 믿음과 감정이 인위적으로 위장한 거짓 이미지라는 것이다.

거짓 구경꾼 : 사람들

위선적인 서기관들과 바리새인들은 무슨 행동을 하든지 사람들 앞에 그 행동을 보여서 존경을 받으려고 했으며 그것은 기도를 할 때도 마찬가지였다. 그것이 그들의 의였으며 예수님은 그들의 의가 하나님의 나라와 아무 상관이 없다고 하셨다(마 5:20).

얼핏 보면 예수님이 그들의 기도 행위를 정죄하는 것이 부당하게 보일 수도 있다. 사실 회당에서 서서 기도하는 것은 전혀 잘못된 것이 없다. 서있는 자세는 신약시대에 가장 보편적인 기도의 자세였으며, 회당은 공공의 기도의 장소였다. 기도가 신실하고 제대로 된 기도였다면 그렇다는 것이다. "길모퉁이"에서 기도하는 행위도 그 자체로는 전혀 잘못된 것이 없다. 정해진 기도 시간이 되면 경건한 유대인들은 하던 일을 중단하고 기도했다. 하물며 길을 걷다가도 멈춰 서서 기도했다.

그러나 이들 위선적인 예배자들이 악한 이유는 기도의 장소와 관련된 것이 아니라 "사람들에게 보이고 싶어 하는" 갈망과 관련된 것이다. '길'에 해당하는 그리스어는 넓은 사람들이 많이 다니는 주된 도로와 그 주도로의 길모퉁이를 의미한다. 바리새인들과 서기관들은 군중들이 많이 모일만한 장소를 골라서 기도의 장소로 삼았던 것이다. 어떤 장소든지 구경꾼들이 많이 모이는 곳이면 거기에는 반드시 이들 위선자들이 있었다.

바리새인들과 서기관들은 같은 동족 유대인들 앞에서 자기 스스로를 높이려는 갈망 속에서 교만의 죄를 짓고 있었다. 그들은 누가복음 18장 11절 예수님의 이야기에 나오는 "서서 따로 기도했던" 바리새인과 같은 사람들이었다. 그들의 경건 행위는 하나님과는 아무 상관이 없었다. 그 결과 그들은 "이미 자기의 상을 다 받은 것"이 되었다. 그들은 오직 사람이 주는 보상에만 눈이

어두웠기 때문에 이미 원하는 것을 다 받은 것이다.

마태복음 6장 5절에 나오는 예수님의 경고를 마음으로 깊이 받아들이는 것은 우리에게 매우 중요하다. 어떤 사람과 관계를 맺든지 친밀한 관계를 맺으려면 마음을 열고 진실한 태도를 취하는 것이 필요하다. 그리고 그것은 하나님과의 관계에서도 마찬가지이다. 만약 우리가 주님과의 관계에서 능력과 열정을 경험하고 싶다면 누가복음 18장 13~14절의 세리와 같이 겸손히 회개하는 심령으로 하나님 앞에 나올 마음의 자세가 있는지 스스로를 점검해 보아야 한다.

진정한 구경꾼 : 하나님

그날 바리새인들의 위선적인 행동과는 정반대로 예수님은 그의 제자들에게 "너는 기도할 때에 네 골방에 들어가 문을 닫고 은밀한 중에 계신 네 아버지께 기도하라 은밀한 중에 보시는 네 아버지께서 갚으시리라"(마 6:6)고 말했다. 주님은 어떤 정해진 때에만 또는 정해진 상황에서만 기도해야 한다고 말하지 않았다. 예수님은 "기도할 때에"라고만 말했다. 이 말은 우리가 언제든지 기도할 수 있다는 것을 보여준다.

예수님은 하나님이 원하시는 기도의 방법과 서기관들과 바리새인들의 기도 방법을 날카롭게 대조해서 보여주기 위해 "골방에 들어가 문을 닫고"라고 말했다. 여기서 골방은 아무 방이든 작은 방을 의미하며 하물며 벽장처럼 좁은 공간을 의미하기도 한다.

그러한 방들은 비밀스러운 공간이며 귀한 것들을 저장하거나 보관하는데 사용되었다. 그러나 여기서 예수님이 말하려는 핵심은 기도의 장소가 아니라 태도이다. 만약 진정한 예배자라면, 그리고 스스로 그런 필요를 느낀다면 다른 사람들에게 드러내 보이고 싶은 유혹을 극복하기 위해 가능한 가장 격리된 개인적인 장소를 찾아야 한다. 일단 그 장소에 있게 되면, 하나님만을 생각하면서 하나님께 집중하지 못하게 방해하는 모든 것들을 차단하기 위해 "문을 닫아야" 한다.

큰 아들 매튜(Matthew)가 다섯 살이었을 때의 일이다. 나는 그날을 절대로 잊을 수 없다. 나는 우리 부부의 방에서 들려오는 아이의 목소리를 듣고 방 쪽으로 걸어갔다. 그 아이의 말이 무슨 말인지 정확히 들리지가 않았기 때문에 나는 그 방 바로 앞까지 바싹 다가갔다. 그 방에는 그 아이 외에는 아무도 없었다. 아이는 우리 부부의 침대에 엎드려서 기도하고 있었다. 그 아이는 하나님께 하고 싶은 말이 있어서 그 방에 혼자 들어가 기도했던 것이었다. 그 아이에게는 자기의 기도하는 모습을 봐주는 사람이 아무도 없다는 것이 전혀 문제가 되지 않았다. 왜냐하면 그 아이는 사람들에게 보이려고 하는 것이 아니라 하나님께 자기의 마음을 말하고 있었기 때문이다.

우리의 기도생활은 말 그대로 비밀스러운 곳에서 이루어져야 한다. 예수님은 제자들을 뒤에 남겨두고 혼자 기도할 곳을 찾아 기도하셨다. 물론 우리의 가족이나 친구들이 우리가 기도한다는 것을 알아차릴 수도 있다. 그러나 기도할 때 우리가 하는 말은 하나님께 하는 것이지 그들에게 하는 것이 아니다. 물론 많은 사람 앞에서 하는 기도가 사람들의 필요와 감정을 대변해 줌으로서 그들을 영적으로 권면해 줄 때도 있다. 그러나 그런 기도들조차도 하나님이 간구의 대상이기 때문에 기도하는 사람이 하나님과 친밀한 교제를 나누도록 해주는 것이어야 한다. 사람의 마음이 하나님 앞에 올바르고 또 하나님만을 바라본다면 대표기도도 개인적인 장소에서 하는 기도와 마찬가지로 기도하는 사람을 하나님 앞에 단독자로 서게 해줄 것이다.

우리가 올바른 태도로 기도할 때 "은밀한 중에 보시는 하나님 아버지께서 갚아주신다"(6절). 하나님께서 은밀하게 보실 때 가장 비중을 두고 보는 부분은 우리가 하는 말이 아니라 우리의 마음 깊은 곳에 있는 생각이다. 하나님은 우리의 생각에 가장 큰 관심을 둔다. 우리의 기도가 정말 하나님만을 향해 있을 때 하나님만이 주실 수 있는 보상을 얻게 될 것이다. 예수님은 그 보상이 무엇일지에 대해서는 말하지 않았다. 그러나 우리는 신실함과 겸손함으로 하나님께 나아오는 자들을 하나님이 반드시 축복하실 것이라는 것을 알고 있다.

의미 없는 기도

서기관들과 바리새인들의 위선적인 기도는 마음의 동기가 잘못

되었을 뿐만 아니라 의미 없는 말들로 가득했다. 그들의 기도에는 핵심이나 중요한 내용들이 없었다. 하나님이 받으실만한 기도가 되려면 기도에는 반드시 마음에서 우러나오는 간구가 있어야 하며 진정한 예배의 마음이 드러나야 한다.

잘못된 내용 : 중언부언

오늘날에도 그런 것처럼 예수님 시대에도 이교도들은 기도를 할 때 특별한 의미도 없는 말들을 중언부언 반복했다. 따라서 예수님은 서기관들과 바리새인들에게 분명하게 경고했다. "기도할 때에 이방인과 같이 중언부언하지 말라 그들은 말을 많이 하여야 들으실 줄 생각하느니라"(마 6:7) 이 성경구절에서 '중언부언' 이라는 말은 그리스 원어 성경에 보면 아무 생각 없이 하는 이런저런 잡담을 의미한다.

당시 이방인들은 말을 많이 해야 기도가 신에게 상달된다고 생각했고, 기도를 얼마나 장황하게 하느냐에 따라서 기도의 가치를 판단했으며 유대인들은 이방인들의 그런 행위를 따라했다. 그들은 자기들의 신들이 정신이 번쩍 들게 하고, 신들을 꾀고, 두려움을 주고, 못살게 괴롭혀서 그들의 기도를 듣고 응답해 주지 않고는 배겨날 수 없도록 만들어야 한다고 생각했다.

이방인들에게 있어서 기도는 단순히 종교적인 행사에 지나지 않았다. 그런데 유대인들조차 기도를 그런 식으로 받아들이게 된 것이다. 그런 방식으로 기도를 할 때는 진실 된 마음이 필요 없었기 때문에 그런 기도의 행위를 따르는 자들은 기도의 내용에는 전혀 무관심했다. 그러나 진짜 심각한 문제는 그런 행위로 인해 하나님과의 실제적인 교제가 무덤덤해졌다는 것이다.

우리는 주님이 이러한 행위를 경고하는 것에 주의를 기울여야 한다. 우리는 식사 때마다 또는 모임 때마다 동일한 기도를 반복하는 죄를 짓고 있다. 그런 기도를 할 때 우리는 하나님에 대해서나 또는 우리가 하는 말에 대해 아무 생각도 없이 그냥 중얼거린다. 하나님은 아무 생각 없이 습관적으로 중얼거리는 기도를 기뻐하지 않는다.

그러나 진정으로 간구하다 보면 같은 말을 반복하게 되는데 그것까지 하지 말라는 것은 아니다. 앞서 우리는 1장에서 끈질긴 기도의 가치를 보여주는 성경구절들을 살펴보았다. 이처럼 마음 깊은 곳에서 저절로 우러나와 간구하는 것이나 또는 찬양을 할 때 같은 말을 반복하는 것은 전혀 문제가 되지 않는다. 그러나 주술이나 주문을 외우는 것과 같이 아무 생각 없이 무관심하게 중얼중얼 외우는 것은 잘못된 것이다.

참된 내용 : 신실한 요청

예수님은 의미 없는 말을 반복하는 사람들과는 대조적으로 "그러므로 그들을 본받지 말라 구하기 전에 너희에게 있어야 할 것을 하나님 너희 아버지께서 아시느니라"(마 6:8)고 말했다. 기도의 목적은 하나님께 우리의 상태를 알림으로 하나님을 설득해서 우리의 필요를 채워주도록 하는 것이 아니라 하나님과의 신실하고 꾸준한 대화를 하기 위한 것이다. 기도는 다른 무엇보다 우리의 마음의 갈증, 짐, 필요를 우리를 돌보시는 하나님께 아뢰는 것이다. 하나님은 우리의 기도를 듣기 원하신다. 우리를 향한 하나님의 사랑이 하나님을 향한 우리의 사랑보다 훨씬 크다. 그렇기 때문에 하나님은 우리가 하는 말을 듣고 우리와 교제하기를 우리보다 훨씬 더 간절히 원하신다.

우리는 주님의 말씀에 어떻게 반응해야 하는가? 만약 우리가 힘과 열정을 가지고 기도생활 하기를 원한다면 경건한 마음으로 기도해야 한다. 오직 하나님의 영광만을 구하려는 순수한 동기를 가지고 말이다. 우리는 또한 사람의 관심을 끌려고 하기보다 하나님의 관심만을 구하며 겸손한 마음으로 기도해야 한다. 그러한 자세로 하나님께 나아간다면 하나님은 상상할 수도 없는 놀라운 방법으로 우리에게 상을 베푸실 것이며, 우리는 하나님과의 독대가 얼마나 가치 있는 것인지를 알게 될 것이다.

제2부

기도의 패턴

chapter 3

"우리 아버지"
"Our Father"

기도에 관한 글로 유명해진 19세기 목사요 작가인 E. M. 바운즈(Bounds)는 「기도의 목적」(Purpose in Prayer)이란 저서에서 "기도는 하나님을 높이며 자기를 낮추는 것이라"고 했다. 서기관들과 바리새인들은 그 진리를 전혀 이해하지 못했다. 그리고 그들과 마찬가지로 오늘날 교회들도 그 진리를 이해하지 못하고 있는 것은 아닐까 하는 생각에 나는 두렵다.

오늘날에는 구복신앙을 포함하여 물질주의적이고, 쾌락적이며, 이기적인 사회의 물결이 여러 가지 형태로 기독교 신학을 침범했다. 성경은 하나님이 주권자이시며 사람은 하나님의 종이라고 가르치지만 구복신앙은 그 반대로 가고 있다. 구복신앙은 하나님께 이러저런 것들을 요구해도 된다고 주장하며 방종을 정당화한다.

그것은 기도를 왜곡시키고 헛된 것들에 주님의 이름을 내걸게 한다. 그것은 비성경적이며, 불경건하며, 성령의 인도하심과는 무관한 것이다.

기도는 처음부터 끝까지 사람의 필요를 위한 것이 아니라 하나님의 영광을 위한 것이어야 한다(요 14:13). 기도는 하나님은 누구이며, 하나님은 무엇을 원하시며, 어떻게 영광 받으시는가에 가장 우선적으로 초점을 두어야 한다. 이렇게 가르치지 않는 사람들은 그리스도의 나라를 확장시키려는 마음이나 하나님을 영화롭게 하려는 마음이 아니라 자기 자신의 나라를 넓히고 또 이기심을 채우려는 갈망으로 가득한 사람들이다. 그러나 하나님은 누구이며, 하나님은 무엇을 원하시며, 어떻게 영광 받으시는가에 가장 초점을 두고 가르치는 것은 기독교 진리의 중심인 하나님의 인격에 집중하는 것이다.

하나님을 언제든지 대기하고 있다가 우리의 모든 욕망을 다 채워주는 마술램프의 요정 '지니'와 같은 존재라고 생각하는 것은 성경의 가르침과 정면으로 대치되는 것이다. 구약성경에 나오는 선지자들은 비참한 상황에서 건져달라고 하나님께 기도한 적이 많았다. 그러나 그들은 그런 가운데서도 하나님의 뜻을 따르고 하나님을 영화롭게 하려고 했다. 요나는 큰 물기의 뱃속에서 "내 영혼이 내 속에서 피곤할 때에 내가 여호와를 생각하였더니 내 기도가 주께 이르렀사오며 주의 성전에 미쳤나이다 … 나는 감사하는 목소리로 주께 제사를 드리며 나의 서원을 주께 갚겠나이다 구원은 여호와께 속하였나이다"(욘 2:7, 9)라고 기도했다. 요나의 입장에서는 물고기 뱃속에서 빠져나오게 해달라고 하나님께 요구하는 것이 당연했지만, 그래도 그는 그저 하나님의 성품만을 찬양했다.

이방신들을 섬기는 바벨론에서 정부 요직에 있었던 다니엘은 위험한 상황에 여러 번 처했었다. 그는 바벨론에 포로로 끌려와 살고 있는 이스라엘 백성으로 인해 마음 아파하며 "내 하나님 여호와께 기도하며 자복하여 이르기를 크시고 두려워할 주 하나님, 주를 사랑하고 주의 계명을 지키는 자를 위하여 언약을 지키시고 그에게 인자를 베푸시는 이시여 우리는 이미 범죄하여 패역하며 행악하며 반역하여 주의 법도와 규례를 떠났사오며"(단 9:4~5)라고 기도했다. 그는 하나님의 본성과 성품을 언급하는 말로 기도를 시작하고 있다.

선지자 예레미야는 실망과 혼동 속에서 그의 백성들에 대한 상한 심령 때문에 눈물 마를 날이 없는 인생을 살았다. 예레미야는 사역을 섬기다가 절망에 빠질 수도 있었지만, 그러나 그는 절대로 자기의 고통스러운 형편에 매이지 않았다. 오히려 그는 기도하고 하나님의 이름과 하나님이 하시는 일을 드러내었다(렘 32:17~23 외).

이들 구약의 성자들은 하나님의 의로우심을 인정하고 하나님을 따랐다. 그것은 예수님이 마태복음 6장 9절에서 "너희는 이렇게 기도하라"는 말로 제자들에게 가르쳤던 그 기도와 같은 삶이었다. 주기도문은 70개의 단어도 채 안 되는 말을 사용해서 기도의 모든 필수요소들을 간단하고 짧은 형태로 압축시킨 기도의 걸작이다. 그 기도는 하물며 어린아이들조차도 이해할 수 있는, 그러면서도 가장 성숙한 신자들조차도 그 의미를 깊이 이해하기 어려운 그런 기도이다.

> "하늘에 계신 우리 아버지여 이름이 거룩히 여김을 받으시오며 나라가 임하시오며 뜻이 하늘에서 이루어진 것 같이 땅에서도 이루어지이다 오늘 우리에게 일용할 양식을 주시옵고 우리가 우리에게 죄 지은 자를 사하여 준 것 같이 우리 죄를 사하여 주시옵고 우리를 시험에 들게 하지 마시옵고 다만 악에서 구하시옵소서(나라와 권세와 영광이 아버지께 영원히 있사옵나이다 아멘)"(마 6:9~13)

예수님이 제시하신 이 기도는 당시 종교지도자들이 했던 하나님이 도저히 받으실 수 없는 수준 이하의 기도들과는 완전히 대조적이었다. 우리는 이에 대해 나중에 깊이 다룰 것이다. 예수님은 유대인들의 기도생활의 부패와 타락을 제자들에게 경고하면서 하나님이 기뻐 받으시는 거룩한 기도가 어떤 것인지 그 틀을 제시해 주고 있다.

: : 예수님이 제시한 기도의 틀

이 기도는 엄밀히 말하면 '제자들의 기도'라는 제목을 붙이는 것이 더 정확하겠지만 통상 '주기도문(주의 기도)'이라고 불린다. 이 기도는 중언부언하는 기도가 아니다. 그리스도께서 "너희는 이렇게 기도하라"고 말한 것은 이 기도문을 글자 하나하나까지 그대로 따라하라는 뜻은 아니었다. 예수님은 단지 기도의 구조와 틀을 제시해 줌으로서 제자들이 기도할 때 그 틀을 따르도록 했던 것이다. 특히 예수님은 제자들에게 기도할 때 중언부언하지 말라고 했기 때문에 그에 따른 기도의 틀을 제시해 주는 것이 필요했다. 물론 주기도문을 말 한마디 한마디까지 그대로 따라 한다고 해서 문제가 되는 것은 아니다. 오히려 이 기도문을 외우면 우리들에게 도움이 된다. 왜냐하면 이 기도문을 암송함으로서 우리의 생각을 체계화 할 수 있기 때문이다. 또 우리는 찬양, 경배, 간구의 방향을 정할 때 이 기도를 참고로 할 수 있다. 이 기도는 우리의 기도를 보충해 주는 것이 아니라 우리가 기도할 때 지침으로 삼아야 하는 것이다.

먼저 이 기도는 하나님과 믿는 자들과의 관계를 보여준다. "우리 아버지여"라는 말은 아버지와 자녀와의 관계를, "이름이 거룩히 여김을 받으시오며"라는 말은 신과 예배자의 관계를, "나라가 임하시오며"는 주권과 종속의 관계를, "뜻이 하늘에서 이루어진 것 같이 땅에서도 이루어지이다"는 주인과 종의 관계를, "우리에게 일용할 양식을 주시옵고"는 베푸는 자와 받는 자의 관계를, "우리 죄를 사하여 주시옵고"는 구주와 죄인의 관계를, "우리를 시험에 들게 하지 마시옵고"는 인도자와 순례자의 관계를 보여주고 있다.

이 기도는 또한 우리가 마땅히 가져야 할 태도와 영성을 보여주고 있다. "우리"라는 말은 개인주의적이거나 이기적이지 않는 마음의 상태를 보여주며, "아버지"는 가족으로서 서로 헌신된 마음을 반영해 주고 있고, "이름이 거룩히 여김을 받으시오며"는 경외심을, "나라가 임하시오며"는 충성을, "뜻이 하늘에서 이루어진 것 같이 땅에서도 이루어지이다"는 순종을, "우리에게 일용할 양식을 주시옵고"는 의존을, "우리 죄를 사하여 주시옵고"는 회개를, "우리를 시험에 들게 하지 마시옵고"는 겸손을, "나라"는 승리를, "권세"는 높임을, "영원히"는 희망을 나타내준다.

우리는 위와 같이 하나님의 영광과 우리의 필요 사이의 균형을 고려하면서 이 기도를 살펴볼 수 있다. 이 기도는 또한 기도의 세 가지 목적을 보여준다. 세 가지 목적이란 하나님의 이름을 높이는 것, 사람들을 하나님의 나라로 인도하는 것, 그리고 하나님의 뜻을 행하는 것이다. 그리고 이 기도는 우리의 현재의 필요(일용할 양식), 과거의 용서(죄를 용서), 미래의 보호(시험에서 지켜줌)를 자세히 보여주고 있다.

기도할 때 우리가 주기도문의 틀을 따르려고 노력해야 하는 것은 당연하다. 그러나 우리는 주님의 경고를 기억하고 기도할 때

마음의 자세도 소홀히 하지 말아야 할 것이다. 만약 기도의 마음이 올바르지 않다면 우리가 아무리 '주기도문'의 틀을 따라 기도한다 하더라도 아무 소용이 없을 것이다. 만약 그렇다면 우리가 올바른 마음의 태도를 가지고 있는지 아닌지를 어떻게 알 수 있는가? 방법은 간단하다. 우리의 기도가 하나님께 초점을 두는 기도인지만 분명하게 짚고 넘어가면 된다. 바로 이런 이유 때문에 주기도문이 우리의 기도에 큰 도움이 되는 것이다. 주기도문의 모든 말들과 간구들은 하나님께 집중되어 있으며 또 하나님의 인격, 하나님의 특징들, 하나님의 역사하심에 집중되어 있다. 우리가 우리 자신이 아니라 하나님께 집중할 때 우리의 기도는 위선적이고 기계적인 기도가 되지 않을 것이다.

참된 기도는 하나님을 온전히 의뢰하는 겸손한 사람들의 입술에서 나온다. 주님이 우리에게 원하는 기도도 바로 그런 것이다. 하나님을 올바로 알면 알수록 우리는 기도 중에 더욱 하나님을 높이게 된다. 성경해설가 존 스토트(John Stott)는 "기도로 하나님 앞에 나아갈 때는 연극배우가 사람들의 갈채를 받으려고 연기하는 것처럼 해서는 안 되며, 이교도들이 아무 생각 없이 웅얼웅얼하듯 기계적으로 해서도 안 된다. 우리는 아빠 품에 달려가는 어린아이처럼 겸손하게, 깊이 신뢰하는 마음으로, 하나님 앞에 나아가야 한다"라고 하였다.

: : 하나님은 우리의 아버지

예수님이 주기도문에서 사용했던 "아버지"라는 말은 우리가 기도에서 가장 많이 사용하는 말일 것이다. 기도는 하나님이 우리의 아버지가 된다는 것, 즉 우리에게 생명을 주시고, 사랑으로 돌보아주시며, 필요한 것들을 공급해 주시고, 보호해 주시는 분이라 것을 인식하는 데서부터 시작해야 한다.

하나님이 우리의 아버지라는 사실은 그리스도 안에 있는 자들, 즉 믿는 자들만이 하나님의 자녀들이라는 것을 의미한다. 말라기 선지자는 이에 대해 "우리는 한 아버지를 가지지 아니하였느냐 한 하나님께서 지으신 바가 아니냐 어찌하여 우리 각 사람이 자기 형제에게 거짓을 행하여 우리 조상들의 언약을 욕되게 하느냐"(말 2:10)라고 말했고, 바울은 그리스 철학자들에게 "너희 시인 중 어떤 사람들의 말과 같이 우리가 그의 소생이라 하니"(행 17:28)라고 말했다.

영적으로 볼 때 믿지 않는 자들의 아버지는 하나님이 아니라 마귀이다. 예수님은 예수님을 대적하는 유대인 지도자들을 아주 엄하게 정죄하면서 "너희는 너희 아비 마귀에게서 났으니"(요 8:44)라고 말했다. 요한일서 3장은 이 세상에는 두 가지 종류의 가족이 존재하고 있다고 분명하게 말하고 있다. 그것은 하나님의 자녀들로 이루어진 가족과 마귀의 자녀들로 이루어진 가족이다. 전자는 죄에서 돌이킨 자들이며, 후자는 여전히 죄를 지으며 살고 있는 자들이다. 사도 바울도 빛의 자녀들과 어둠의 자녀들을 분명하게 구분하고 있다(엡 5:8).

비록 하나님 아버지가 전 우주를 다스리고 있는 것은 사실이지만 인류로 이루어진 가족은 단일 가족이 아니다. 베드로후서 1장 4절에서는 오직 믿는 자들만이 "하나님의 신성한 성품에 참예한다"고 말하고 있다. 예수님은 예수님을 영접한 자들에게만 "하나님의 자녀가 되는 권세를 주셨다"(요 1:12)고 했다. 따라서 믿는 자들만이 하나님의 사랑하는 자녀들로서 하나님께로 나아갈 수가 있다.

하나님에 대한 유대인의 관점

예수님이 사용했던 "우리 아버지"라는 말은 하나님과 자녀들 간의 친밀함과 교제를 보여주지만, 사실 예수님 시대에 살았던 대부분의 사람들은 신을 인간과는 동떨어진 먼 곳에 있는 두려운 존재라고 생각하며 섬겼다. 그리고 시간이 흐르면서 유대인들도 점점 하나님을 그렇게 생각하게 되었다. 유대인들이 이방신들을 섬기며 수세기 동안 계속 하나님께 불순종했기 때문에 그들과 하나님 아버지와의 모든 참된 관계들이 다 끊어져 버렸다. 그들에게 있어서 하나님은 한 때 조상들을 인도했던 역사 속의 존재가 되어 버렸다.

그럼에도 불구하고 예수님 시대와 그 전 시대에 살았던 신실한 유대인들은 하나님을 아버지로 여겼다. 선지자 이사야도 하나님을 아버지로 생각했다. 이스라엘의 죄를 인해 이사야 선지자는 아래와 같이 기도했다.

"주께서 기쁘게 공의를 행하는 자와 주의 길에서 주를 기억하는 자를 선대하시거늘 우리가 범죄하므로 주께서 진노하셨사오며 이 현상이 이미 오래 되었사오니 우리가 어찌 구원을 얻을 수 있으리이까 무릇 우리는 다 부정한 자 같아서 우리의 의는 다 더러운 옷 같으며 우리는 다 잎사귀 같이 시들므로 우리의 죄악이 바람 같이 우리를 몰아가나이다 주의 이름을 부르는 자가 없으며 스스로 분발하여 주를 붙잡는 자가 없사오니 이는 주께서 우리에게 얼굴을 숨기시며 우리의 죄악으로 말미암아 우리가 소멸되게 하셨음이니이다 그러나 여호와여, 이제 주는 우리 아버지시니이다 우리는 진흙이요 주는 토기장이시니 우리는 다 주의 손으로 지으신 것이니이다"(사 64:5~8)

이사야는 하나님이 이스라엘 백성의 아버지이며 그들을 돌보시는 분이라는 사실을 상기시켜 주므로 그들을 크게 위로해 주었다. 구약의 유대인들은 다섯 가지 기본 요소들을 바탕으로 하나님의 부권을 이해했다.

이스라엘 국가의 아버지

역대상 29장 10절에서는 하나님께 "우리 조상 이스라엘의 우리 아버지 여호와여(Lord God of Israel our Father)"라는 이름을 붙이고 있다. 그 말은 하나님을 한 국가의 아버지로 표현하고 있다.

가까이에 계신 아버지

아버지는 삼촌이나 사촌, 친구, 이웃보다 가깝다. 시편 68편에는 하나님의 능력의 광대하심을 표현하는 부분에서는 굉장한 말들을 사용하고 있지만, 그러나 가까이 계신 아버지를 표현하는 부분에서는 하나님을 "고아들의 아버지"(5절)라고 단순하게 말하고 있다.

은혜로우신 아버지

자녀들에게 용서를 베풀며, 온유하며, 자비가 풍성하며, 은혜로운 아버지. "아버지가 자식을 긍휼히 여김 같이 여호와께서는 자기를 경외하는 자를 긍휼히 여기시나니"(시 103:13)

인도하시는 아버지

지혜와 교훈으로 자녀들을 인도하시는 아버지… 이스라엘 백성들에게 하나님은 그런 분이었다. 하나님은 "그들이 울며 돌아오리니 나의 인도함을 받고 간구할 때에 내가 그들을 넘어지지 아니하고 물 있는 계곡의 곧은 길로 가게 하리라 나는 이스라엘의 아버지요 에브라임은 나의 장자니라"(렘 31:9)고 말했다.

순종을 요구하시는 아버지
하나님은 아버지이기 때문에 자녀들에게 순종할 것을 요구한다. 신명기 32장 6절은 "어리석고 지혜 없는 백성아 여호와께 이같이 보답하느냐 그는 네 아버지시요 너를 지으신 이가 아니시냐"라고 말하고 있다.

하나님에 대한 성경적인 관점

예수님은 하나님은 하나님을 알고, 사랑하고, 순종하는 자들에게 사랑과 은혜를 풍성하게 베푸시는 분이라고 이스라엘 백성들에게 소개하고 있다. 산상수훈에서도 예수님은 하나님이 자녀들의 필요를 돌보아 주시는 분이라고 가르쳤다.

"구하라 그리하면 너희에게 주실 것이요 찾으라 그리하면 찾아낼 것이요 문을 두드리라 그리하면 너희에게 열릴 것이니 구하는 이마다 받을 것이요 찾는 이는 찾아낼 것이요 두드리는 이에게는 열릴 것이니라 너희 중에 누가 아들이 떡을 달라 하는데 돌을 주며 생선을 달라 하는데 뱀을 줄 사람이 있겠느냐 너희가 악한 자라도 좋은 것으로 자식에게 줄 줄 알거든 하물며 하늘에

계신 너희 아버지께서 구하는 자에게 좋은 것으로 주시지 않겠 느냐"(마 7:7~11)

예수님은 성경이 무엇을 가르쳐 주고 있는지, 그리고 신실하고 경건한 유대인들이 무엇을 믿고 있었는지를 그들에게 분명하게 말해 주었다. 그것은 바로 하나님을 신뢰하는 자들에게 있어서 하나님은 아버지라는 사실이다.

예수님은 세상 모든 죄를 지고 하나님께 버림을 받았던 십자가에서의 그 순간을 제외하고는 기도할 때마다 '아버지' 라는 명칭을 사용했다. 마태복음 6장 9절에서는 그리스어 Pater를 사용하고 있지만 예수님은 Abba(아바)라는 말을 사용했을 가능성이 크다. 왜냐하면 Abba라는 말이 그 당시 팔레스타인에 살았던 유대인들 대다수가 사용했던 말이기 때문이다. Abba는 "아빠"에 해당하는 말이기 때문에 예수님은 하나님과 자녀들 간의 인격적이고 친밀한 관계를 강조하기 위해 그 말을 사용했을 것이다.

하나님을 사랑이 많으신 하늘 아버지로 받아들이고 기도하는 것은 우리에게 몇 가지 유익을 준다.

두려움을 내어 쫓는다.
미개발 종족들을 섬겨본 경험이 있는 선교사들은 그런 사회에서는 사람들이 신을 두려워하기 때문에 사랑으로 돌보시는 하나님은 원시 사회에 줄 수 있는 가장 큰 선물이라고 말한다. 거짓된 종교들이 만들어낸 거짓된 신들은 일반적으로 질투심이 강하고 복수를 하는 특징을 가지고 있다. 그래서 그들은 신을 달래려면 긴급 수단을 써야 한다고 생각한다. 그러나 우리의 아버지이시며 참 신이신 하나님을 알 때 심령에 모든 두려움이 사라진다.

희망을 준다.

하나님을 대적하는 세상에서도 하나님은 우리의 아버지가 되셔서 우리의 앞날을 돌보아 주실 것이다. 육신의 아버지들도 자녀들을 돌보고 보호하려고 모든 노력을 아끼지 않는데 우리의 하늘 아버지는 얼마나 더 우리들을 사랑하고, 보호하고, 도와주겠는가 (마 7:11).

외로움을 없애준다.

가족이나 친구, 믿는 자들에게조차 버림을 받거나 거부당할 때도 하나님 아버지는 우리를 절대로 버리지 않는다(히 13:5). 믿는 자들이 외로움을 물리치려면 하나님의 함께 해주심이 절대적으로 필요하다.

크리스천 내과 의사인 폴 도니어(Paul Tournier)는 그의 의사 사례집에서 다음과 같이 쓰고 있다,

나는 어떤 환자를 돌본 적이 있었는데 그녀는 자기 집에서 막내딸이었고 그 가정에는 자식들이 많았다. 따라서 그녀의 아버

지는 막내딸의 치료비를 대는 것이 무척 힘들었다. 어느 날 그 환자의 아버지는 "이 아이만 아니었다면 우리 식구도 아무 문제 없이 잘 살 수 있을 텐데"라고 절망적인 말로 중얼거렸다. 그러나 하나님은 절대로 그런 말을 하지 않는다. 하나님은 그의 자녀 모두를 사랑하시는 사랑의 아버지이다.

이기심을 극복하게 해준다.

주기도문에서는 단수 대명사가 한 번도 사용되지 않았다. 그 기도는 "우리 아버지"로 시작된다. 그 이유는 우리는 전부 하나님의 자녀들이며 형제자매들이기 때문이다. 우리는 공동체 전체를 위한 기도를 해야 한다. 에베소서 6장 18절에는 "여러 성도들을 위하여" 구하라고 하였다. 그저 나 개인이나 어떤 한 사람만이 아니라 공동체 전체로서 우리 모두에게 가장 좋은 것을 해주시도록 하나님께 기도해야 한다.

자원을 공급해 준다.

하나님은 "하늘에 계신 우리 아버지"가 되신다. 공급자 되신 하나님을 신뢰할 때 우리는 하늘나라의 모든 풍성한 자원들을 쓸 수 있게 된다. 하나님은 "하늘에 속한 모든 신령한 복을 우리에게 주신다"(엡 1:3). 성경해설가인 아더 핑크(Arthur Pink)는 아래와 같이 말한다.

만약 하나님이 하늘에 계신다면 기도는 입술이 아니라 마음에서 우러나오는 것이어야 하며, 이 땅에서 입술로만 하는 기도는 하늘보좌를 흔들 수 없고 오직 깊은 탄식과 마음을 쏟아내는 기도만이 하나님의 보좌에 도달할 것이다. 만약 우리가 하늘에 계신 하나님께 기도를 해야 한다면, 우리의 영혼이 이 땅을 떠나 하늘나라까지 도달해야 할 것이다. 만약 우리가 하늘에 계신 아버지께 기도하는 것이라면, 믿음이 우리의 간구를 그 날개에 싣고 날아갈 수 있어야 할 것이다.

우리가 평화, 교제, 지식, 승리, 담대함… 이런 것들 중에 무엇을 구하든지 하나님은 하늘나라에 이 모든 것들을 넘치도록 쌓아두셨다. 우리는 아버지께 그것을 구하기만 하면 된다.

순종을 요구한다.
하나님의 친아들이신 예수님이 자기의 뜻이 아니라 하나님의 뜻을 행하기 위해 이 땅에 오셨다면(요 6:38), 양자로 선택받은 우리들은 얼마나 하나님의 뜻을 더 잘 받들어야 하겠는가? 하나님을 향한 순종은 자녀로서 우리와 하나님과의 관계를 가장 잘 보여주는 지표이다.

그러나 비록 우리가 불순종할지라도 하나님은 그의 자녀들을 은혜 안에서 사랑하시고 돌보아주신다. 누가복음 15장에 나오는 이야기는 '돌아온 탕자'라는 제목보다 '사랑이 많으신 하나님 아버지'라는 제목이 더 잘 어울린다. 이 이야기에서 둘째 아들은 방탕하고 제멋대로였지만 다시 아버지의 품으로 돌아온다. 그리고 첫째 아들은 도덕적이고 올바르게 살았지만 자기 의로 가득했다. 그런데 아버지는 이 둘을 다 용서하고 기뻐했다. 그 아버지의 모습은 하나님 아버지의 모습을 잘 보여준다.

　기도를 시작할 때 "하늘에 계신 우리 아버지"라고 부르는 것은 하나님이 우리를 사랑한다는 사실을 인식하면서 하나님의 품을 향해 달려가는 마음을 나타낸다. 또한 하나님은 자녀들의 기도가 하나님의 목적과 영광에 부합하기만 하면 그들의 기도를 들어주시기 원하시며 그들에게 능력과 영원한 축복을 부어주기를 간절히 바란다.

chapter 4

"이름이 거룩히 여김을 받으시오며"
"Hallowed be Thy Name"

수세기에 걸쳐 하나님 아버지와 그의 아들 예수 그리스도의 이름처럼 함부로 취급받은 이름도 없을 것이다. 욕설이나 저주에서, 가벼운 대화에서나 공식적인 대화에서, 세상적인 또는 신학적인 토론 등에서 사용될 때 하나님의 이름과 예수님의 이름은 존경과 높임보다는 제대로 대우받지 못할 때가 더 많았다. 마틴 로이드 존스는 하나님의 이름을 사용하는 우리의 방법에 대해 아래와 같이 말한다.

이 세상은 하나님에 대해 얼마나 잘못된 생각들을 가지고 있는가! 성경의 가르침 앞에서 하나님에 대한 당신의 생각을 테스트 해본다면 당신은 내가 지금 뭘 말하고 있는지 금방 알아차릴 것이다. 우리는 하나님의 위대성, 능력, 광대하심에 대해 우리가 당연히 느껴야 할 것조차도 제대로 느끼지 못하고 있다. 사람들이 하나님에 대해 쟁론하는 것에 귀를 기울여보라. 그리고 그들이 그런 말들을 얼마나 번지르르하게 하고 있는지를 주목해보라. 우리 모두가 하나님의 이름을 사용하는 태도를 살펴보면 정말 거의 경악할 지경이다. 그 모습을 보고 있자면 가장 복된, 영원한, 절대적인, 전능하신 하나님에 대해 말하고 있으면서도 그 사실을 전혀 깨닫지 못하고 있는 것이 분명하다고 생각하지 않을 수 없다. 우리는 하나님의 이름을 사용할 때마다 우리의 발에서 신을 벗는 것과 같은 경건한 태도를 가져야 한다.

우리는 어떤 사람이 하나님의 이름을 함부로 사용하는 모습을 볼 때 크리스천으로서 그 사람에게 불쾌감을 표현할 수도 있다. 그러나 사실 그렇게 하기보다는 먼저 우리의 마음자세부터 점검해 보아야 할 것이다. 하나님을 사랑하는 사람들이 하나님의 이름에 대한 존경심이 부족하거나 또는 무덤덤한 것은 가증스러운 죄가 될 수 있다.

그런데 불행히도 기독교 신앙을 좀먹는 것이 후자일 때가 많다. 믿는 사람들이 하나님을 존중하지 않을 때 교회공동체의 모든 관심이 공동체의 여러 가지 필요들을 채워주는 것에만 집중될 수가 있다. 그러나 교회가 공동체의 필요에 치중하는 것은 사람들에게 영적인 위약(효과가 없는 약)을 주는 것에 지나지 않는다. 그것은 사람들의 내적외적 필요들을 채워주려는 시도에 불과하며 그들의 심리적 위로, 자존심, 즐거움, 기분전환 등에만 치중하는 것이다.

교회와 각 성도들은 하나님의 영광을 위해 존재한다. 우리가 하나님을 알고 하나님을 영화롭게 할 때 우리의 삶의 모든 필요들이 채워질 것이다. "여호와를 경외하는 것이 지혜의 근본이요" (잠 9:10) 그러나 믿는 자들 중에 하나님을 경외하지 않는 사람들이 많다. 그들의 행동은 그들의 마음에 하나님에 대한 경외심이 없다는 것을 여실히 보여준다. 하나님의 말씀을 두렵고 떨림으로 대하지 않고 하나님의 진리를 함부로 왜곡시키거나 세상 철학으로 바꾼다.

크리스천들은 그들의 진정한 필요가 무엇인지를 알아야 한다. 그것은 하나님의 거룩하심과 자기들의 죄악 됨을 깨닫는 것이다. 하나님은 이 두 가지를 하나님의 영광을 위해 사용하신다. 우리가 하나님과 올바른 관계를 맺을 때 거룩하신 하나님의 뜻 안에서 우리의 삶의 모든 부분들이 각기 제자리를 잡아갈 수가 있다. 그렇다고 해서 사람들의 문제를 모른 척 하라는 뜻은 아니다. 우리는 하나님의 마음으로 그런 문제들에 대해 관심을 가져야만 한다. 관심을 가지되 하나님 편에서 그 문제를 바라보므로 균형 있는 관점을 유지해야 한다. 우리는 하나님을 진지하게 대해야 하며 존경해야 한다.

그런 존경심을 가질 때 하나님의 엄위하신 영광과 하나님에 대한 우리의 순종이 왜 기도에 가장 중요한지 그 이유를 알 수 있게 된다. 결국 우리의 모든 간구들, 우리의 모든 필요들, 우리의 모든 문제들은 하나님의 손에 달려있다. 그러므로 하나님이 우리의 삶에서 가장 중요한 자리를 차지해야 하며, 이와 마찬가지로 하나님과의 대화에서도 하나님이 가장 중요한 자리를 차지해야 한다. 기도는 하나님께 존경을 보이기 위한 간단한 의례행사가 아니다. 그것은 경외, 놀라움, 감사, 영광, 경배의 경지를 완전히 새로운 차원에서 경험하는 것이어야 한다.

: : 하나님의 이름의 중요성

하나님의 이름의 중요성 측면에서 고려해 볼 때 주기도문의 첫 번째 간구가 "이름이 거룩히 여김을 받으시오며"로 시작되는 것은 당연하다. 성경해설가 아더 핑크(Arthur W. Pink)는 "그렇다면 기도의 근본적인 의무가 무엇인지는 명확하다. 우리가 기도할 때 우리의 자아와 우리의 모든 필요들을 이차적인 문제로 삼으면 주님이 저절로 우리의 생각과 간구의 첫 자리를 차지할 것이다. 이러한 간구는 무엇을 하든지 하나님의 이름을 영화롭게 하는 것을 궁극적인 목표와 최우선순위로 삼는다"라고 말했다. 하나님은 하늘나라의 풍성한 것들로 우리의 필요를 채워주시는 사랑의 아버지이다. 그러나 우리의 우선적인 간구는 우리의 유익을 위한 것이 되어서는 안 되며 하나님을 위한 것이 되어야 한다. 그런 관점에서 볼 때 "이름이 거룩히 여김을 받으시오며"는 이기적인 기도를 경고하고 있다고 볼 수 있다. 그 이유는 "이름이 거룩히 여김을 받으시오며"라는 말은 하나님의 본성과 하나님의 본성에 대해 인간이 마땅히 나타내야 할 반응을 완벽하게 담고 있기 때문이다. "이름이 거룩히 여김을 받으시오며"라는 말은 예수님이 하나님에 대해 단순히 멋진 말 몇 마디를 늘어놓은 것이 아니었다. 그것은 하나님에 대한 존경, 경외, 영광, 예배의 차원을 완전히 새롭게 연 것이었다.

하나님을 부를 때 가장 자주 사용되었던 히브리어 명칭은 '야훼'였으며, 그 이름은 출애굽기 3장 4절에서 하나님이 "나는 스스로 있는 자이니라"는 말에서 처음 나온다. 그 외에 자주 사용되었던 이름은 '아도나이'였으며, 그 의미는 "주 하나님"이다. 유대인들은 하나님의 이름을 아주 성스럽게 생각했기 때문에 야훼라는 이름을 입 밖으로 내지 않았다. 그러다가 시간이 흐르면서 구약의 유대인들은 야훼라는 이름에서 자음을 취하고 또 아도나이라는 이름에서 모음을 취해서 여호와라는 이름을 만들어 사용했다. 유대인들은 하나님의 성스러운 이름을 높이기 위해 그렇게 많은 수고를 기꺼이 감내했던 것이다. 그러나 막상 그들은 하나님의 인격을 훼손하는 것이나 하나님의 말씀에 불순종하는 것에 대해서는 별로 문제의식이 없었다. 그래서 불행히도 하나님의 이름을 높이려는 그들의 노력은 조롱거리가 되고 말았다.

예수님은 하나님의 이름을 주기도문에 가장 먼저 등장시킴으로서 하나님의 이름이 하나님께 붙여진 다른 여러 가지 타이틀보다 훨씬 더 중요하다는 것을 가르쳐 주고 있다. 하나님의 이름은 하나님이 누구인지를 보여주고 있다. 거기에는 하나님의 성품, 계획, 뜻이 다 들어있다. 구약성경에서 이름은 타이틀보다 더 많은 것을 대변했기 때문에 유대인들은 이것을 분명하게 알고 있었다.

성품

성경에서 사람의 이름은 성품을 나타낸다. 하나님은 다윗을 "하나님의 마음에 맞는 사람"이라고 평가했다. 다윗은 하나님뿐만 아니라 사람들에게도 좋은 평판을 받고 있었다. "블레셋 사람들의 방백들이 싸우러 나오면 그들이 나올 때마다 다윗이 사울의 모든 신하보다 더 지혜롭게 행하매 이에 그의 이름이 심히 귀하게 되니라"(삼상 18:30) 다윗의 이름이 좋은 평가를 받았다는 것은 다윗 자체가 좋은 평가를 받았다는 것을 뜻한다. 만약 우리가 구약시대로 돌아가 어떤 사람에게 그 사람의 이름이 좋은 이름이라고 말한다면, 그것은 그 사람에게 칭찬을 받을 만한 좋은 성품이 있다는 것을 의미하는 것이다.

모세가 십계명을 받기 위해 두 번째로 시내산에 올라갔던 기록을 보면 하나님의 성품에 대해 "여호와께서 구름 가운데에 강림하사 그와 함께 거기 서서 여호와의 이름을 선포하실새 여호와께서 그의 앞으로 지나시며 '여호와라 여호와라 자비롭고 은혜롭고 노하기를 더디하고 인자와 진실이 많은 하나님이라 인자를 천대까지 베풀며 악과 과실과 죄를 용서하리라 그러나 벌을 면제하지는 아니하고 아버지의 악행을 자손 삼사 대까지 보응하리라'"(출 34:5~7)고 되어 있다. 하나님의 이름은 6~7절 말씀에 나와 있는 모든 성품들을 대변한다.

우리는 하나님의 이름이나 또는 하나님의 타이틀을 바탕으로 하나님을 사랑하고 신뢰한다. 그 이유는 그 이름들 뒤에 하나님의 성품들이 숨어있기 때문이다. 다윗은 시편 9편 10절에서 "여호와여 주의 이름을 아는 자는 주를 의지하오리니 이는 주를 찾는 자들을 버리지 아니하심이니이다"라고 말하고 있다. 하나님의 이름은 그의 성실하심을 나타내고 있다.

시편의 히브리 원문에는 하나님의 의와 하나님의 이름이 동등하다는 것을 보여주며 이 두 가지를 같은 선상에 놓는다. 이와 관해 다윗은 "내가 여호와께 그의 의를 따라 감사함이여 지존하신 여호와의 이름을 찬양하리로다"(시 7:17)라고 말하고 있다. 또한 다윗은 "어떤 사람은 병거, 어떤 사람은 말을 의지하나 우리는 여호와 우리 하나님의 이름을 자랑하리로다"(시 20:7)라고 말하기도 했는데, 그 말은 하나님의 이름 자체를 넘어서서 하나님의 온전한 인격을 의지하는데서 비롯된 말이다.

사람들, 특히 제자들은 이 세상에 오신 그리스도를 통해 하나님의 성품을 볼 수 있었다. 예수님은 대제사장적인 기도에서 "세상

중에서 내게 주신 사람들에게 내가 아버지의 이름을 나타내었나 이다"(요 17:6)라고 말했다. 주님은 제자들에게 단지 하나님의 이름을 말해 주었던 것이 아니라 하나님의 성품을 친히 보여주었던 것이다. 요한복음 1장 14절은 어떻게 예수님이 제자들에게 하나님의 성품을 보여주었는지를 말해준다. "말씀이 육신이 되어 우리 가운데 거하시매 우리가 그의 영광을 보니 아버지의 독생자의 영광이요 은혜와 진리가 충만하더라" 그리스도는 온전히 의로우신 삶을 통해 제자들에게 하나님을 분명하게 보여주셨다. 바로 그 이유 때문에 예수님은 빌립에게 "나를 본 자는 아버지를 보았거늘 어찌하여 아버지를 보이라 하느냐"(요 14:9)라고 말했던 것이다.

　기도를 통해 하나님의 이름을 높이는 것에 대한 한 가지 예는 다음과 같다. "우리를 사랑하시고 돌보시는 우리 아버지, 우리의 모든 필요를 하늘의 풍성한 것들로 채워주시는 아버지, 아버지의 인격, 성품, 신분, 본성, 특징, 평판, 존재 자체가 거룩히 여김을 받기를 기도합니다." 하나님의 이름이 거룩히 여김을 받는 것은 미사여구들을 번지르르하게 사용해서 기도하는 것이 아니다. 마음이 중요하다. 주님의 성품의 위대성과 놀라움을 인정하면서 하나님을 영화롭게 하는 것은 결국 우리 마음에 달려있다.

이름 안에 모든 것이 들어있다

구약에 나오는 하나님의 이름들과 타이틀은 각각 하나님의 성품들과 하나님의 뜻을 나타낸다. 예를 들면, 하나님은 엘로힘 "창조주 하나님", 엘리온 "천지의 주인", 여호와 이레 "친히 준비하시는 주님", 여호와 닛시 "우리의 기치되신 주님", 여호와 라파 "치유자 되신 주님", 여호와 샬롬 "평화의 주님", 여호와 라아 "목자 되신 주님", 여호와 치트게누 "의로우신 주님", 여호와 사바오스 "만군의 여호와", 여호와 사마 "여기 가까이 계시는 주님", 여호와 마꼬데쉬킴 "주님은 너를 거룩하게 하시는 분이다" 라는 의미이다. 이 모든 이름들은 하나님의 특징을 나타내 보여주고 있다. 이처럼 이름들은 하나님이 누구인가에 대한 것뿐만이 아니라 하나님은 어떤 분이신가에 대한 것도 보여주고 있다.

예수님도 하나님의 이름이 무슨 의미인지를 아주 명확하게 가르쳐주고 있다. 예수님의 이름인 '예수 그리스도'는 하나님의 가장 위대한 이름이며 그 이름에는 구주요 왕으로서의 하나님의 역할에 대한 의미가 담겨있다. 예수님은 그 외에도 여러 가지 다른 이름들로 자기를 나타내셨다. 거기에는 생명의 떡(요 6:35), 생수(요 4:10), 진리요, 길이요, 생명(요 14:6), 부활(요 11:25), 선한목자(요 10:11), 가지(사 4:2), 광명한 새벽별(계 22:16), 하나님의 어린양(요 1:29) 등이 있다. 이사야서에는 하나님의 이름이 나열되어 있는데 각각의 이름이 하나님의 특징을 보여주고 있다. "기묘자라, 모사라, 전능하신 하나님이라, 영존하시는 아버지라, 평강의 왕이라"(사 9:6) 예수님의 생애 또한 하나님의 이름을 완벽하게 드러내 보여주고 있다.

: : 거룩하신 이름

우리는 하나님의 이름의 중요성에서 "거룩히 여김을 받다"라는 말의 의미에 관심을 가져야 할 필요가 있다. 그것은 그리스 원어로 hagiazo이며 그 의미는 "거룩하게 하다"이다. 동일한 그리스 어근에서 파생된 말들 중에는 "거룩" "성자" "성화되다" "성화"가 있다.

하나님은 하나님의 백성들에게 거룩하라고 명했다(벧전 1:16). 그러나 사실은 오직 하나님만이 거룩할 수 있다. "하나님의 이름이 거룩히 여김을 받게 해 달라"는 기도는 하나님의 거룩하심에 모든 영광을 돌리는 것이다. 왜냐하면 하나님은 과거에도 항상 거룩하셨으며, 현재에도 거룩하시고, 앞으로도 거룩하실 것이며 또한 그 거룩하심은 오직 하나님만이 가지고 있는 지고의 거룩함이기 때문이다. 하나님의 이름이 거룩히 여김 받도록 하는 것은 오직 한분이신 완전하신 하나님을 경외하고, 영화롭게 하며, 영광 돌리며, 순종하는 것이다. 그렇게 할 때 우리는 우리와 하나님 사이에 중요한 차이점을 인식하게 된다. 하나님은 우리와는 전혀 다른 차원에 속한 분이시다. 하나님은 거룩하시며 완전하시다. 그러나 우리는 죄인들이다. 우리는 우리의 죄 값을 영원히 치러주신 예수 그리스도의 은혜를 통해서만이 하나님께로 가까이 나아갈 수 있다. 존 칼빈(John Calvin)은 "하나님은 영광을 받으시기에 합당하시기 때문에 영광을 받아야만 하며 우리는 깊은 경외심 없이 하나님을 생각하거나 말해서는 안 된다"고 말했다.

하나님께 영광을 돌리지 못하는 것

과거부터 지금까지 현대 기독교를 좀먹는 여러 가지 경박한 흐름들이 있어 왔지만 하나님에 관한 가장 중요한 진리, 즉 하나님은 거룩하시다는 그 진리를 인식하지 못하는 것만큼 기독교 신앙을 깊이 좀먹은 것은 없을 것이다. 거룩함은 하늘나라에서 유일하게 천사들의 입을 통해 세 번이나 울려 퍼진 하나님의 특징이다(사 6:3). 하나님이 받아야 마땅한 영광과 경외를 하나님께 돌리지 못할 때 그것은 참담한 결과를 낳을 수 있다. 아래에 나오는 이야기는 아무리 위대한 하나님의 종들이라도 하나님의 이름에 합당한 경외심을 가지고 하나님을 대하지 않을 때 어떤 일이 일어날 수 있는지를 보여준다.

"첫째 달에 이스라엘 자손 곧 온 회중이 신 광야에 이르러 백성이 가데스에 이르더니 … 회중이 물이 없으므로 모세와 아론에게로 모여드니라 백성이 모세와 다투어 말하여 이르되 우리 형제들이 여호와 앞에서 죽을 때에 우리도 죽었더라면 좋을 뻔하였도다 너희가 어찌하여 여호와의 회중을 이 광야로 인도하여 우리와 우리 짐승이 다 여기서 죽게 하느냐 너희가 어찌하여 우리를 애굽에서 나오게 하여 이 나쁜 곳으로 인도하였느냐 이곳에는 파종할 곳이 없고 무화과도 없고 포도도 없고 석류도 없고 마실 물도 없도다 모세와 아론이 회중 앞을 떠나 회막 문에 이르러 엎드리매 여호와의 영광이 그들에게 나타나며 여호와께서 모세에게 말씀하여 이르시되 지팡이를 가지고 네 형 아론과 함께 회중을 모으고 그들의 목전에서 너희는 반석에게 명령하여 물을 내라 하라 네가 그 반석이 물을 내게 하여 회중과 그들의 짐승에게 마시게 할지니라 모세가 그 명령대로 여호와 앞에서 지팡이를 잡으니라 모세와 아론이 회중을 그 반석 앞에 모으고 모세가 그들에게 이르되 반역한 너희여 들으라 우리가 너희를 위하여 이 반석에서 물을 내랴 하고 모세가 그의 손을 들어 그의 지팡이로 반석을 두 번 치니 물이 많이 솟아나오므로 회중과 그들의 짐승이 마시니라 여호와께서 모세와 아론에게 이르시되 너희가 나를 믿지 아니하고 이스라엘 자손의 목전에서 내 거룩함을 나타내지 아니한 고로 너희는 이 회중을 내가 그들에게 준 땅으로 인도하여 들이지 못하리라 하시니라"(민 20:1~12)

모세는 지팡이로 반석을 치는 불순종을 함으로서 이스라엘 백성들 앞에서 하나님을 높이지 않았다. 모세의 행동은 사람들의 이목을 자기 자신에게로 집중시켰다. 어쩌면 모세는 자기가 기적을 행할만한 대단한 능력이 있는 사람처럼 보이고 싶었는지도 모른다. 그러나 모세와 아론은 마땅히 하나님께 돌아가야 할 영광을 가로챘기 때문에 둘 다 약속의 땅으로 들어가지 못하게 되었다.

그 외에도 하나님께 영광을 돌리지 않은 많은 다른 사람들이 있다. 그 중에 몇 가지 예만 살펴보자.

*사울은 하나님을 따르지 않았다. 그는 인내하지 못하고 자기 멋대로 행함으로써 하나님의 명령에 순종하지 않았다(삼상 15:11). 그래서 하나님은 그를 왕의 자리에서 끌어내렸다.

*웃사는 하나님의 명령을 무시함으로써 하나님의 거룩하신 위엄에 경의를 표하지 않았다(민 4:15, 19~20). 하나님은 그의 불경한 행동 때문에 그를 치셨다(삼하 6:7).

*웃시야는 교만해져서 부패한 마음대로 행동했다. 그는 하나님의 성전에 들어가 향단에 분향을 하려고 했다. 그래서 하나님은 그를 문둥병으로 치셨다(대하 26:16~23).

*아나니아와 삽비라는 성령을 속였다. 그렇게 해서 하나님의 거룩하심을 욕되게 했기 때문에 그들은 바로 생명을 잃었다(행 5:1~11).

*고린도 성도들은 성만찬에서 떡과 잔을 합당치 않게 먹고 마

셨다(고전 11:27~30). 그 결과 많은 사람이 병이 났고 또 죽었다.

하나님이 하나님을 경외하지 않는 자들을 항상 직접 또는 눈에 보이는 방법으로 즉각 다루는 것은 아니다. 그러나 하나님을 경외하지 않을 때 좋지 않는 결과가 반드시 따른다. 그들 중 몇 가지는 다음과 같다. 원수에게 훼방할 거리를 준다. 이 말은 나단이 다윗 왕에게 했던 말이다(삼하 12:14, 참조: 겔 20:39, 딤전 5:14, 6:1). 하나님의 말씀이 비방을 받게 된다. 죄를 지으면 왕의 자격을 박탈당하게 된다. 사울은 그에 대한 좋은 예이다(삼상 15:23). 생명을 잃거나 풍성한 삶을 살지 못하게 될 수 있다(행 5:5, 10). 하나님이 영적인 축복을 거두어 가실 수가 있다(민 20:1~2). 하나님이 분노를 쏟으실 수가 있다(사 5:25). 하나님의 영이 근심하게 된다(사 63:10).

주님을 향해 경외심과 두려움을 갖는 것은 해도 되고 안 해도 되는 선택사항이 아니다.

시편 저자는 "주의 성산에 사는 자 누구오니이까"(시 15:1)라고 거듭 묻는다. 그에 대한 답은 간단하다. 그것은 "정직하게 행하며 공의를 실천하며 그의 마음에 진실을 말하는 사람들"이다(2절). 오늘날 믿는 자들에게 하나님에 대한 경외심이라는 신앙의 기초를 다시 닦는 것만큼 절박한 것은 없을 것이다.

A. W. 토저(Tozer)는 "하나님보다 종교 자체가 더 위대할 수는

없다"라고 말했다. 거룩하신 하나님을 경외하는 것보다 교회 자체가 더 중요하게 취급되어서는 안 된다. 교회의 영광은 부수적인 것이다. 하나님은 우리가 그것을 깨닫기를 원하신다. 모든 신자들이 이것을 머리로는 알고 있다. 그러나 나는 그것이 실제 삶에서 무엇을 의미하는지에 대해서는 아는 사람이 별로 없을 것이라는 생각에 두렵다.

하나님을 경외하고 두려워하는 것은 선택사항이 아니다. "항상 여호와를 경외하라"(잠 23:17), "오직 몸과 영혼을 능히 지옥에 멸하실 수 있는 이를 두려워하라"(마 10:28), "오직 주를 두려워하여 성실한 마음으로 하라"(골 3:22) 잠언 23장 17절에서 가장 핵심이 되는 말은 히브리어로 yare이며 그 의미는 두려워하고 경외하는 것이다. 솔로몬은 이 말을 열여덟 번이나 사용했다.

하나님은 하나님의 백성들이 하나님의 거룩하심을 보고 항상 놀라고 두려워하고 감탄하기를 바라신다.

*마노아는 그의 아내에게 "우리가 하나님을 보았으니 반드시 죽으리로다"(삿 13:22)라고 말했다.

*욥은 주의 거룩하심을 보고 난 후에 그가 했던 모든 어리석은 말들을 철회하고 회개하였다(욥 42:5~6).

*이사야는 거룩하신 하나님을 뵙고 난 후 "화로다 나여 망하게 되었도다"(사 6:5)라고 말했다.

*하박국은 거룩하신 하나님의 목소리로 말미암아 입술을 떨었

다(합 3:16).

*남은 모든 백성이 선지자 학개의 말을 통해 하나님의 목소리를 듣고 전부 여호와를 경외했다(학 1:12).

*주님의 지상 사역 기간 동안 제자들은 예수님의 능력과 거룩하심을 직접 눈으로 보고 체험했다. 어느 날, 그들이 배를 타고 갈릴리 바다를 건너고 있을 때 갑자기 광풍이 불어 닥쳤다. 그들은 처음에는 광풍을 두려워했지만 나중에는 그 광풍을 잠잠하게 하시는 예수님을 더욱 두려워하였다(막 4:41). 그들은 사나운 폭풍보다도 하나님의 임재와 능력을 더 두려워했다. 베드로는 자기의 불신의 죄를 깨닫고 완전하시고 거룩하신 예수님께 자기를 떠나달라고 간청했다(눅 5:8). 요한, 야고보, 베드로는 하나님의 음성을 들었을 때 땅에 엎드리고 두려움에 크게 떨었다(마 17:6).

*불신 세계에서 사는 사람들이 예수님의 거룩하신 능력을 보고 두려워하여 자기 마을에서 떠나 주시기를 구했다(막 5:17).

*예루살렘교회의 성도들은 하나님의 거룩하심에 두려워하였고(행 2:43, 5:5, 11), 그리고 유대와 갈릴리와 사마리아에서는 주님을 경외함으로 말미암아 교회가 왕성해져 갔다(행 9:31).

*영화롭게 되신 그리스도의 엄위를 보고 사도 요한은 그 발 앞에 죽은 자처럼 엎드러졌다(계 1:17).

위의 각 예들에서 보면 하나님의 임재는 "거룩한 두려움"을 준다는 것을 알 수 있다. 앞에서 언급했던 바와 같이 방법을 중요시

하는 실용주의 시대인 이 시대에는 믿는 자들에게서 이런 태도를 찾아보기가 힘들다. 특히 기도에 있어서는 더욱 그렇다. 경외심을 회복하려면 하나님을 두려워함으로 거룩함을 추구해야 한다. 그것은 하나님이 그의 백성들에게 간절히 바라시는 것이다. "나는 여호와 너희의 하나님이라 내가 거룩하니 너희도 몸을 구별하여 거룩하게 하고"(레 11:44) 베드로는 "오직 너희를 부르신 거룩한 이처럼 너희도 모든 행실에 거룩한 자가 되라 기록되었으되 내가 거룩하니 너희도 거룩할지어다 하셨느니라"(벧전 1:15~16, 참조: 레 19:2)고 거듭거듭 간곡히 부탁했다. 오늘날 교회의 어려움은 "하나님을 두려워하는 가운데서 거룩함을 온전히 이루어 육과 영의 온갖 더러운 것에서 자신을 깨끗하게 하는 것"이다(고후 7:1).

: : 하나님의 이름이 거룩히 여김을 받게 하는 방법

하나님의 이름이 거룩히 여김을 받게 하는 것은 의를 나타낼 때와 마찬가지로 마음에서부터 시작된다. 사도 베드로는 "너희 마음에 그리스도를 주로 삼아 거룩하게 하고"(벧전 3:15)라고 말했다. 마음에서 그리스도를 거룩하게 대접할 때 삶에서도 그리스도를 거룩하게 대접하게 된다. 그렇게 하기 위한 실제적인 방법들을 알아보자. 그리고 우리의 기도에서 하나님이 거룩히 여김을 받고 있는지를 살펴보자.

하나님의 존재하심을 인식하라

히브리서 11장 6절은 "반드시 그가 계신 것과 … 믿어야 할지니라"고 말하고 있다. 정직하고 마음이 열린 사람들에게는 하나님이 존재하신다는 것이 부인할 수 없는 사실이다. 철학자 임마누엘 칸트(Immanuel Kant)는 하나님에 대해 매우 이상한 자기 나름대로의 생각을 많이 말했던 사람이다. 그러나 "하늘에 별들이 우리의 길을 인도해 주는 것처럼 우리 안에 내재하는 도덕성은 우리를 신에게로 이끌어준다"라고 했던 그의 말만큼은 사실이다. 그러나 이 정도로는 충분하지 않다. 왜냐하면 그런 사람들은 하나님이 존재한다는 것을 막연히 느낄 수는 있겠지만 여전히 삶 속에서 하나님의 이름을 거룩하게 하지 않기 때문이다.

하나님에 대해 알라

많은 사람이 말로는 하나님을 믿는다고 하지만 실제 삶 속에서 하나님의 이름을 높이지 않는다. 그 이유는 하나님이 정말 누구인지를 모르기 때문이다. 하나님에 대해 올바로 알고 제대로 믿는 것은 하나님을 경외하는 것이다. 반면 하나님의 존재를 무시하거나 또는 잘못된 주장을 믿는 것은 경외심이 없는 것이다.

어떤 사람들은 하나님의 이름을 망령되이 부르는 것이 하나님의 이름으로 맹세하는 것이나 또는 저주하는 것이라고 생각한다. 사실은 그렇지 않다. 하나님을 왜곡해서 생각하거나, 의심하거나, 불신하거나, 의심하는 매 순간들이 하나님의 이름을 망령되게 하는 것이다. 초대교회의 성자 오리겐(Origen)은 하나님에 대한 근거 없는 주장들을 받아들이는 사람은 하나님의 이름을 망령되이 일컫는 것이라고 그리스 철학자 셀서스(Celsus)에게 반박했다.

어떤 사람들은 하나님이 이스라엘과 손을 잡고 다른 나라들을 도륙하며 사람들을 무조건 영원한 지옥 불에 던져 넣는 사랑이 없고, 무자비하고, 복수심이 많은 신이라고 주장한다. 하물며 욥도 "주께서 돌이켜 내게 잔혹하게 하시고"(욥 30:21)라고 하나님을 향해 원망 섞인 말을 했다. 우리가 하나님의 성품과 뜻을 잘 알지 못하거나, 하나님의 배려를 잘 알지 못할 때 하나님을 경외할 수 없다. 게다가 하나님을 알고 경외한다 하더라도 그 자체로는 충분하지가 않다.

하나님의 임재를 인식하라

1장에서 말했던 바와 같이 만약 우리가 신실한 크리스천이라면 매일 끊임없이 하나님을 의식하며 살아야 한다. 가끔씩 생각날 때만 하나님을 떠올리는 것으로는 하나님의 이름을 거룩하게 하지 못한다. 물론 주일예배를 드린 후 한동안은 생각 속에 하나님이 있을 것이다. 그러나 하루가 지나고 일주일이 지나면 어떤가? 사실은 그때가 우리의 매일의 삶, 생각, 말, 활동 속에 하나님을 의지적으로 모셔 들여야 할 때이다. 만약 우리가 진정으로 하나님의 이름을 영화롭게 하고 있다면 말이다. 다윗은 항상 하나님께 집중했다. "내가 여호와를 항상 내 앞에 모심이여"(시 16:8) 그러나 하나님의 이름을 거룩히 여김을 받도록 하려면 하나님께 집중하는 것으로도 충분하지 않다.

순종하면서 살라

우리가 하나님의 뜻에 따라 행동할 때 하나님의 이름이 거룩히 여김을 받게 된다. 크리스천들이 하나님께 순종할 마음도 없으면서 하나님을 주라고 주장하며 여전히 하나님께 불순종하는 것은 궁극적으로 하나님의 이름을 망령되게 하는 것이다. 예수님은 마태복음 7장 21절에서 "나더러 주여 주여 하는 자마다 다 천국에 들어갈 것이 아니요 다만 하늘에 계신 내 아버지의 뜻대로 행하는 자라야 들어가리라"(마 7:21)고 경고했다.

하나님께 불순종할 때 하나님의 이름을 경외하고 하나님의 거룩함을 드러낼 수 있는 우리의 능력은 줄어들게 된다. 그러나 먹든지 마시든지 무엇을 하든지 하나님의 영광을 위해 할 때 우리는 하나님의 이름을 높일 수 있게 된다(고전 10:31). 그 외에도 헌신된 삶을 통해 다른 사람들을 하나님께로 인도할 때 우리는 하나님의 이름을 영화롭게 할 수 있다. 이처럼 우리는 "우리의 빛이 사람 앞에 비치게 하여 그들로 우리의 착한 행실을 보고 하늘에 계신 하나님 아버지께 영광을 돌리게 해야 한다"(마 5:16).

우리가 하나님에 대해 올바로 알고 의롭게 산다면 하나님의 이름을 높이게 될 것이다. 시편 34편 3절은 "나와 함께 여호와를 광대하시다 하며 함께 그의 이름을 높이세"라는 권면으로 이 가르침을 요약해 준다.

당신이 다음에 기도할 때는 하나님이 존귀하게 여김을 받는, 하나님이 거하시는 거룩하신 마음의 장소에서 하나님과 교제하기를 바란다. 하늘의 하나님과 함께 홀로 시간을 보낼 때 두려워하지 말라. 단지 기도할 때 거룩하신 이름에 합당한 경외심을 가지고 임하기만 하면 된다.

chapter 5

"나라가 임하시오며"
"Thy Kingdom Come"

　미국 내에 150년 이상 강력하게 유지되어 온, 성경을 바탕으로 한 기독교의 영향력이 최근 몇 년 간 급격히 줄어들고 있다. 몇 년 전에 어떤 사람은 미국인들이 포스트 크리스천 아메리카에 살고 있다고 말했다. 즉, 미국이 더 이상 기독교 국가가 아니라는 것이다. 사실 오늘날 미국은 기독교 국가라는 라벨을 붙이기에 많이 부족하다. 그럼에도 불구하고 미국은 오늘날에도 여전히 기독교 국가로서 어중간한 모양을 취하고 있다. 사람들은 교회 예배에 참석하고 하나님을 믿는다고 말한다. 그러나 그들은 무신론과 상황윤리에 빠져있다. 미국 문화 속에 남아있는 기독교라는 종교의 흔적은 전부 이단적이지 않으면, 배교적인 성향이 있거나, 아니면 약해졌고 또 세상과 타협해 있다.

미국의 입법부와 사법부에서는 명백히 반기독교적인 안건들을 받아들이고 있다. 지금까지 크리스천들이 미덕으로 여기고 지켜 왔던 모든 것들이 평등권과 도덕적 자유라는 미명 아래 전부 사라지고 있다. 미국이 한 때 붙들고 지켰던 거룩한 기준들과 성경적인 도덕성은 끊임없이 공격당하고 있다. 도덕적 자유는 이제 고삐 풀린 망아지가 되었다. 물질주의와 가족붕괴는 유행병처럼 번지고 있다. 낙태, 성적인 타락, 마약, 범죄가 만연해 있다. 지도자들은 무엇을 어떻게 해야 좋을지 알지 못하고 있다. 그 이유는 이러한 문제들을 통제할 수 있는 아무런 기준이 남아 있지 않기 때문이다.

70년대에 미국에 일어났던 놀라운 영적 부흥을 기억하는 사람들은 90년대의 방탕함에 슬퍼하지 않을 수 없다. 그러나 그러한 슬픔을 제대로 점검해보지 않으면 그 슬픔이 분노로 발전하게 되고, 그 분노는 안티 크리스천적인 안건들을 받아들이는 이 나라의 정부, 미디어, 사회를 향하게 된다.

내가 가장 염려하는 것은 미국의 지도자들에 대한 교회의 분노가 자라서 그들에 대한 공개적인 적의로 표출될 때가 많다는 것이다. 만약 그러한 교회의 움직임이 크리스천들이 윤리를 법제화함으로서 사회에 영향을 줘야 한다는 생각에서 비롯된 것이라면 그것은 교회의 본래의 목적으로부터 심히 빗나간 것이다. 도덕성을 회복시킴으로서 사회를 변화시키려는 것이 고상한 목표이기는 하지만 그것은 그리스도가 교회에 두신 목표는 절대 아니다.

교회에는 단 하나의 사명밖에 없다. 그것은 영원한 지옥으로 갈 수밖에 없는 사람들에게 예수 그리스도의 구원을 알려주고 그들을 영원한 하나님의 나라로 인도하는 것이다. 사람들이 공산주의 정부 아래서 살다가 죽었건, 민주주의 정부 아래서 살다가 죽었건, 독재정권 아래서 살다가 죽었건, 동성애를 옳다고 여겼건 그렇지 않건, 낙태가 여성의 자유 선택권이라고 생각했건, 살인이라고 생각했건, 일단 그들이 영원이라는 시간과 공간에 들어가고 나면 그런 것들은 아무 문제가 되지 않는다. 그들이 예수님을 전혀 알지 못했거나 구주로 영접하지 않았다면 그들은 영원한 지옥으로 떨어지게 된다.

예수님은 "내 나라는 이 세상에 속한 것이 아니니라 만일 내 나라가 이 세상에 속한 것이었더라면 내 종들이 싸워 나로 유대인들에게 넘겨지지 않게 하였으리라"(요 18:36)고 빌라도에게 말했다. 인간 나라들 또는 인간 사회는 그 어떤 곳도 하나님의 나라와 통합될 수 없다. 부분적으로도 그렇게 될 수 없다. 죄악 된 자연인은 거룩한 다스림에 동참할 수 없다. 그것이 바로 우리 사회를 도덕적으로 향상시키는 것으로는 하나님의 나라를 이 땅에 확장시킬 수 없는 이유이다. 물론 선하고 고상한 의도자체는 지지를 받을만한 가치가 있지만, 그러나 그런 노력들이 이 땅에 예수님의 나라를 건설하는데 영향을 주지는 못한다. 그런 노력은 단지 유사 이래로 인간 사회와 나라들의 특징이었던 타락을 좀 더 늦추어줄 뿐이다.

미국을 기다리고 있는 운명은 오직 하나밖에 없다. 미국도 역사상 많은 나라들이 갔던 그 길로 가게 될 것이다. 어떤 인간 왕국도 영원히 지속될 수는 없다. 그 이유는 모든 인간 나라는 생겨날 때부터 자체적으로 멸망의 씨앗을 품고 태어나기 때문이다. "공의는 나라를 영화롭게 하고 죄는 백성을 욕되게 하느니라"(잠 14:34), "하나님이 지나간 세대에는 모든 민족으로 자기들의 길들을 가게 방임하셨으나"(행 14:16)

미국을 포함한 이 세상의 모든 나라들은 생겨났다가 사라지지만 지옥문은 하나님의 나라를 절대로 침범할 수 없다(마 16:18). 우리는 미국의 비도덕적인 의제들과 하나님을 향한 적개심을 보고 절망할 수도 있다. 그러나 그리스도께서는 지금도 그의 교회를 세우고 있다. 우리는 그것을 굳게 확신할 수 있다. 그리고 어느 날 주님은 주님의 완전한 나라를 세우기 위해 다시 오실 것이다. 그때 우리는 갈망하고 그리던 것이 무엇인지, 그리고 1세기의 제자들이 그렇게 갈망했던 것이 무엇인지를 마침내 깨닫게 될 것이다. 그리스도께서 이 세상을 다스리시며 또 모든 사람들이 그리스도의 발아래 엎드리는 것을 보게 될 것이다.

18세기 찬송작가 프란시스 해버글(Frances Havergal)은 '영광중에 다시 오심'이라는 찬송에서 아래와 같은 아름다운 가사로 그것을 잘 표현해 주고 있다.

오, 주님 당신이 다스리는 것을 보니 기쁨이 넘칩니다.

나의 사랑하는 주님!
모든 입술들이 주님의 이름을 부르며,
예배와 존귀와 영광과 축복을
기쁨으로 주님께 돌립니다.
나의 주요 친구 되신 주님
의롭다함을 받고, 보좌에 앉으신 주님
땅 끝까지
영광과 존귀를 받으시옵소서.

: : 하나님의 약속

예수 그리스도는 왕의 왕, 주의 주이시며 참으로 이 세상을 다스릴 권세가 있는 유일하신 분이다. 시편 2장 6~8절에서는 예수님에 대해 "내가 나의 왕을 내 거룩한 산 시온에 세웠다 하시리로다 내가 여호와의 명령을 전하노라 여호와께서 내게 이르시되 너는 내 아들이라 오늘 내가 너를 낳았도다 내게 구하라 내가 이방 나라를 네 유업으로 주리니 네 소유가 땅 끝까지 이르리로다"라고 말하고 있다. 이사야 9장 6절에서는 "그의 어깨에는 정사를 메었고"라고 말하고 있다. 예수 그리스도는 오실 왕에 대한 약속의 성취이다. 예수님은 "기름 부음 받으신 이", 즉 메시아이시며, 이스라엘의 희망이며, 교회의 희망이며 또 세상의 희망이다.

다니엘은 그리스도를 상징하는 손대지 아니한 돌에 의해 세상의 여러 나라들을 상징하는 큰 우상이 산산 조각나는 꿈을 꾸었다(단 2:34~35). 그리고 난 뒤 그 우상을 친 돌은 태산을 이루어 온 세계에 가득해졌다. 이것이 상징하는 것은 아주 명확하다. 세상 마지막에는 그리스도가 이 세상 나라들을 전부 무너뜨리고 그리스도의 나라를 세운다는 것이다.

그리스도는 그리스도의 나라와 떼려야 뗄 수 없는 관계이다. 하나님의 거룩한 목적은 하나님의 나라가 임하고 아들 되신 그리스도께서 그 나라를 다스릴 그때에 그리스도를 만유가운데 높이시는 것이다. 따라서 "하나님의 나라에 대해 전혀 언급하지 않는 기도는 기도가 아니다"(Berakoth 21a)라고 말한 유대 탈무드의 말은 옳은 말이다.

: : 새로운 우선순위

믿는 자로서 우리의 가장 큰 갈망은 주님이 영광과 권세로 그의 나라를 다스리는 것을 보는 것이다. 그것은 주기도문에서 마태복음 6장 10절에 나와 있는 두 번째 간구와 관련이 있다. "나라가 임하시오며"라는 말은 하나님의 계획과 프로그램이 완수되기를 기도하는 것이다. 그것은 다시 말하면 주님이 오셔서 다스리는 것이다.

우리가 그리스도를 신실하게 믿고 주로 고백할 때 우리의 삶은 주님을 영화롭게 하는 쪽으로 방향을 잡게 될 것이다. 우리의 마음이 그리스도를 통해 나타난 하나님의 마음과 일치할 때만이 우리의 마음은 올바른 방향을 잡게 될 것이다. 만약 내가 "하나님의 나라가 이 땅에 임하옵소서"라고 기도한다면 그것은 "내 안에 그리스도의 영이 나를 주장하셔서 주님의 뜻을 행하게 하옵소서"라고 말하는 것이다. 하나님의 참 된 자녀들은 자기 자신의 욕망이나 자기 계획에 사로잡히지 않으며 하나님이 예수 그리스도의 인격에 나타내신, 미리 예정하신 프로그램으로 차 있을 것이다.

자기 스스로를 다루는 것

우리는 하나님의 나라가 우리의 심령에 온전히 임하기를 바라지만 우리의 기도는 대부분 자기중심적이다. 우리는 우리의 필요, 우리의 계획, 우리의 열망에 집중한다. 우리는 자기의 기분이나 자기가 원하는 것밖에는 아무것도 생각하지 않는 어린아이처럼 될 때가 많다. 우리의 삶은 과거의 죄악 된 습관, 끈질긴 자기중심성과의 끝없는 씨름의 연속이다.

자기 문제 외에 다른 사람들이 겪고 있는 문제들도 하나님의 나라에 관심을 두지 못하도록 우리를 방해할 수가 있다. 우리에게는 가족, 목사, 선교사, 국가, 다른 지도자들, 그 외에 많은 다른 사람들과 그들의 문제들을 위해 기도해야 할 책임이 있다. 그러나 이 모든 경우에 우리는 그 사람들 안에 그리고 그 사람들을 통해 하나님의 뜻이 이루어지도록 기도해야 한다. 그들이 하나님의 뜻에 맞게 생각하고, 말하고, 행동할 수 있도록 말이다.

기도할 때 하나님의 나라가 우리의 마음중심을 차지해야 한다. 그러므로 우리는 모든 간구를 하나님 앞에 쏟아놓기에 앞서 하나님의 마음과 하나님의 뜻에 대해 충분히 생각할 시간을 가져야 할 필요가 있다. 우리는 하나님의 목적이 이루어짐으로서 하나님이 영광 받으시기를 갈망해야 한다.

사탄을 다루는 것

그리스도를 위해 거룩한 삶을 살려고 마음먹고 나면 그때부터 우리는 엄청난 갈등에 휩싸이게 된다. 사탄이 다스리는 이 세상 나라는 그리스도의 나라와 완전히 반대이며 또 크리스천의 삶과도 완전히 반대가 된다. 최근에 미국에서 비신앙적인 세력들이 득세한 것 때문에 화가 날 때면, 그 비신앙적인 것들의 근원이 무엇인지를 생각하라. 사탄의 나라의 특성은 항상 하나님의 나라와 하나님의 백성들에게 반대하는 것이다. 사탄은 하나님의 이름을 거룩하게 하려는 모든 크리스천의 삶을 힘들게 하려고 한다.

:: 이 세상에 속하지 않은 나라

'나라'라는 말의 그리스 원어는 지리상의 어떤 영역을 의미하기보다는 통치권을 의미한다. 그러므로 "나라가 임하시오며"라고 기도하는 것은 통치자로서 그리스도의 의로운 다스림이 이 땅에 이루어지기를 기도하는 것이다. '임하다'라는 말은 그리스어 erchomai를 명령형으로 번역한 것으로서 바로, 갑자기 임하라는 것을 뜻한다(참조: 마 24:27). 그것은 주님의 천년 왕국의 도래를 말하며(계 20:4) 우리는 그것을 위해 기도해야 한다.

그것은 하나님에게 속해 있다

우리가 기도하는 나라는 아주 독특하다. 그 이유는 그 나라가 이 땅의 통치권에 속해 있지 않고 "하늘에 계신 우리 아버지"(마 6:9)에게 속해 있기 때문이다. 우리는 믿는 자로서 더 이상 이 세상에 속한 사람들이 아니다(요 17:14). 이 세상은 이제 더 이상 우리의 최고의 관심사가 아니며 우리의 진정한 시민권은 하늘나라에 있다(빌 3:20). 우리는 순례자로서 하나님이 친히 세우신 도성에 들어가기 위해(히 11:10) 이 땅에 잠시 머물다가 떠나는 자들이 되었다(벧전 1:17).

하나님의 나라는 이 세상에 있는 사람들이 세운 나라들과는 전혀 다르다. 이집트, 앗수르, 바벨론, 메데와 바사, 그리스, 로마는 이제 더 이상 세계 최강대국들이 아니다. 그런 나라들이 조명을 한 몸에 받던 시대는 그리 길지 않았다. 알렉산더대왕은 세계 역사상 가장 큰 제국을 소유했었다. 그러나 그 나라도 역사의 뒤로 사라져버렸다. 한 때 위대했던 문명들도 전부 사라졌다.

바벨론 제국의 멸망에 대한 다니엘의 예언은 세계 모든 나라들에도 해당된다. "하나님이 이미 왕의 나라의 시대를 세어서 그것을 끝나게 하셨다 함이요 … 왕을 저울에 달아 보니 부족함이 보였다 함이요 … 왕의 나라가 나뉘어서 메대와 바사 사람에게 준 바 되었다 함이니이다 하니"(단 5:26~28) 이 땅의 나라들은 모든 육체가 가는 길을 갈 수밖에 없다. 죄를 바탕으로 하는 권세와 힘은 반드시 썩어 없어지거나 파괴되는 특징을 가지고 있다.

그러나 하나님의 나라는 이 세상 어떤 나라보다 크다. 예수님은 "먼저 그의 나라와 의를 구하라 그리하면 이 모든 것을 너희에게 더 하시리라"(마 6:33)고 말했다. 우리가 하나님의 나라와 의를 먼저 구하기만 하면 주님은 입을 것, 먹을 것, 살 곳 등 우리의 모든 필요들을 다 돌보아주신다. 따라서 우리는 "주님, 하나님의 나라가 확장되게 하시고 또 우리를 다스려 주시옵소서"라고 기도해야 한다.

그리스도는 다스리는 자

하나님의 나라 또는 하늘나라는 예수님의 메지시의 핵심이다.

그것은 복음이며 우리 주님의 나라에 대한 좋은 소식이다. 주님은 어디를 가든지 구원의 메시지를 전했다. 예수님은 "내가 다른 동네들에서도 하나님의 나라 복음을 전하여야 하리니 나는 이 일을 위해 보내심을 받았노라"(눅 4:43)라고 말했다. 그리스도의 통치는 인간 역사의 절정이다. 예수님은 3년 동안 제자들에게 하나님의 나라를 가르쳤다. 예수님은 죽고 그리고 다시 살아난 후에 40일간 자기를 나타내 보이시며 하나님 나라의 일을 말했다(행 1:2~3).

예수님은 하나님의 나라를 과거, 현재, 미래라는 세 가지 차원에서 말했다. 과거의 하나님의 나라에는 아브라함, 이삭, 야곱이 속한다(마 8:11). 현재의 하나님의 나라는 예수님이 친히 사람들과 함께 거하시며 참 왕으로서 섬겼던 지상 사역 기간이다(눅 17:21). 미래의 하나님의 나라는 앞으로 도래할 그리스도의 왕국이다. 그리고 하나님의 나라는 앞으로 도래할 미래적인 왕국에 특별히 비중을 많이 두고 있다.

앞에서 살펴봤던 바와 같이 예수님은 하나님의 나라가 이 땅에 속하지 않았다고 말하셨다(요 18:36). 그렇다면 하나님의 나라는 도대체 어떤 종류의 왕국인가? 그리고 앞으로 어떻게 이 땅에 도래하게 되는가? 우리는 이 왕국의 두 가지 면을 살펴보아야 할 필요가 있다. 그것은 전우주적인 하나님 나라의 도래와 이 땅에서의 하나님 나라의 도래이다.

우주적인 관점

하나님은 전 우주를 다스리시는 분이다. 하나님은 이 세상 모든 것을 창조하셨고 또 세상의 모든 것들을 움직이기도 하고 붙들기도 하신다. 제임스 오어(James Orr)는 "성경에는 … 전 우주적인 하나님의 나라 또는 하나님의 통치가 모든 물체들과 인간들과 사건들과 각 개인들과 나라들, 자연과 역사의 모든 운행과 흐름과 변화들, 그리고 역사의 모든 것들에 포괄적으로 미치고 있다는 인식이 깔려 있다. 하나도 예외가 없다"라고 설명했다. 하나님의 나라는 "영원한 나라"(시 145:13)이며, 지금도 "하나님은 하나님의 주권으로 세상 모든 것들을 다스리고 계신다"(시 103:19). 하나님은 전 우주의 왕이며 하나님은 그의 아들을 통해 모든 것을 다스리신다. 하나님은 아들을 통해 이 세상을 만드셨다. 골로새서 1장 17절에서는 그를 "만물보다 먼저 계시고 만물이 그 안에 함께 섰느니라"고 말하고 있다.

이 땅에서의 관점

"나라가 임하시오며"라는 예수님의 기도는 "하늘에 세워진 전 우주적인 나라가 이 땅에도 임하기를 기도한다"는 의미이다. 마태복음 6장 10절의 마지막에 나오는 "뜻이 하늘에서 이루어진 것 같이 땅에서도 이루어지이다"라는 말을 주목해보라. 그 말에 사용된 히브리적인 대구법을 '주기도문' 앞부분 세 개의 간구들에도 적용해 볼 수 있다. 우리는 "하나님의 이름이 하늘에서 거룩히 여김을 받으신 것처럼 이 땅에서도 거룩히 여김을 받기를 기도합니다. 하나님의 나라가 하늘에서 이루어진 것 같이 이 땅에서도 이루어지기를 기도합니다. 하나님의 뜻이 하늘에서 이루어진 것 같이 이 땅에서도 이루어지기를 기도합니다"라고 말할 수 있다.

그러나 하나님이 하늘에서 통치하는 것처럼 이 땅을 통치하고 있는 것은 아니기 때문에 우리는 이 땅에 하나님의 나라가 임하도록 기도해야 한다. 그리스도가 이 땅에 오셔서 지상왕국을 세우고 이 땅에서 죄를 도말하시며 만물을 하나님의 뜻에 복종하게 하시도록 기도해야 한다. 그리고 난 뒤 주님께서는 철장을 가지고 다스릴 것이다(계 2:27). 천년 후에 주님의 지상왕국은 주님의 영원한 왕국과 통합될 것이다. 그리고 나면 이 땅의 다스림은 하늘의 다스림과 전혀 다를 것이 없게 될 것이다.

하나님의 나라가 이 땅에 임하게 함

"나라가 임하시오며"라는 말을 가장 적절하게 번역하면 "주님의 나라가 지금 임하게 하옵소서"이다. 그렇다면 이 땅에 주님의 완전한 통치가 이루어지기 위해 중요한 것은 무엇인가?

불신자들과의 대화

하나님의 나라는 각 영혼이 하나님의 나라로 인도될 때마다 이 땅에 실제로 임한다. 따라서 전도를 위한 기도는 "이 땅에 하나님의 나라가 실제로 임하게 하는 기도이다."

현재 그리스도의 나라는 믿는 자들의 마음과 영혼 안에 실제로 존재한다. 따라서 우리는 하나님의 나라가 확장되도록 기도해야 한다. 이런 의미에서 볼 때 하나님의 나라를 위해 기도하는 것은 영혼들의 구원을 위해 기도하는 것이다. 하나님의 나라는 한 영혼이 회개하고 예수 그리스도를 믿음으로 구원의 반경 안으로 들어오는 것이다.

그러므로 사람들이 하나님의 나라로 들어오는 것은 그들을 초청하는 것에서부터 시작된다. 마태복음 22장에 보면, 예수님은 하늘나라를 혼인잔치에 손님들을 초청한 어떤 임금과 같다고 말하고 있다. 먼저 초청을 받은 사람들은 혼인잔치에 오기를 거절했다. 그러자 그 임금은 종들을 보내어 "네거리 길에 가서 사람을 만나는 대로 혼인 잔치에 청하여 오라"(9절)고 말했다. 이처럼 그리스도의 초청은 세계적으로 이루어진다.

하나님의 나라로 들어오려면 회개가 요구된다. 예수님은 "회개하라 천국이 가까이 왔느니라"(마 4:17, 참조: 막 1:14~15)고 말했다. 그리고 하나님의 나라는 이 초청을 듣는 사람이 그 초청에 반응하는 것이 필요하다. 언젠가 예수님은 어떤 서기관에게 "네가 하나님의 나라에서 멀지 않도다"(막 12:34)라고 말했다. 그 서기관은 구원에 관한 지식은 있었지만 구원을 받아들이려는 의식적인 선택을 하지 않고 있었고 하나님의 나라에 대한 지식도 막연하기만 했다. 만약 어떤 사람이 그리스도께서 자기의 마음과 생각을 다스려 주기를 원한다면 그 사람은 자기가 알고 있는 바를 실제로 행해야 한다.

예수님은 "먼저 그의 나라와 그의 의를 구하라"(마 6:33)라고 말했다. 만약 어떤 사람이 정말 그리스도를 알고 싶어 한다면 온 마음으로 그리스도를 구함으로서 그 초청에 응해야 할 것이다. 누가복음 16장 16절은 "율법과 선지자는 요한의 때까지요 그 후부터는 하나님 나라의 복음이 전파되어 사람마다 그리로 침입하느니라"고 말한다. 이 말씀에서 "침입하느니라"는 말의 그리스 원어는 그 의미가 "어떻게 해서든지 밀고 들어간다"는 뜻이다. 사람이 하나님 나라의 가치를 제대로 알기만 한다면 하나님의 나라를 놓치지 않으려고 수단과 방법을 가리지 않을 것이다. 하나님의 나라는 어떤 사람이 자기의 모든 소유를 다 팔아 샀던 "밭에 감추인 보화" 또는 "값비싼 진주"처럼 그 가치가 무한하다(마 13:44~46).

믿는 자들의 헌신

이미 회심한 사람들은 그리스도께서 하나님의 나라를 다스리듯이 그들의 삶도 다스려 주시기를 갈망해야 한다. 인생을 살다보면 하나님의 뜻을 행할 것인지, 아니면 우리의 뜻대로 할 것인지를 결정해야 하는 갈림길에 설 때가 종종 있다. 그때 우리는 하나님의 뜻에 헌신하기로 결심해야 한다. 그리스도가 주이시기 때문에 우리는 그의 주권에 순종해야 한다. 사도 바울은 로마서 14장 17절에서 "하나님의 나라는 먹는 것과 마시는 것이 아니요 오직 성령 안에 있는 의와 평강과 희락이라"고 말했다. 성령의 아름다운 열매를 맺으려고 노력할 때 우리는 우리의 삶이 하늘 아버지를 영화롭게 하는 삶이 되기를 간절히 바라고 기도하게 될 것이다.

땅에서의 그리스도의 통치의 시작

때가 이르면 하늘이 둘로 갈라지고 예수님이 그의 나라를 세우기 위해 감람산으로 내려오실 것이다(슥 14:4). 그때 "나라가 임하시오며"라는 우리의 기도는 응답을 받게 될 것이다. 그리스도는 의, 공평, 진리, 평화로 다스릴 것이다. 그는 예루살렘에서 다윗의 보좌에 앉아 이 땅을 다스리실 것이며 이 땅의 재앙과 저주를 거두어 가실 것이다. 베드로처럼 나는 주님이 다시 오실 그날이 빨리 도래하기를 바라고 있다. 그리고 나는 사도 요한처럼 "주 예수여 오시옵소서"(계 22:20)라고 기도하고 있다. 나는 당신도 기도할 때마다 그렇게 간구하기를 바란다.

chapter 6

"뜻이 하늘에서 이루어지이다"
"Thy Will Be Done"

크리스천들에게는 수세기 동안 논란이 되어온 한 가지 딜레마가 있다. 그것은 우리가 기도하건 하지 않건, 즉 우리의 기도와 무관하게 하나님은 하나님이 뜻을 이루어 가는가 하는 문제이다. 만약 우리가 그리스도의 명령을 따라 신실하고 끈질기게 기도한다면 과연 우리는 하나님의 뜻을 돌이킴으로서 우리의 뜻을 관철시킬 수 있는가? 우리가 기도하지 않으면 하나님의 뜻은 좌절되는가? 분명한 것은 기도가 하나님의 무한하신 계획과 뜻 속에서 어떤 역할을 하는지에 대해 분명하게 알고 있는 사람은 아무도 없다는 사실이다. 그것은 우리에게 있어서 풀리지 않는 수수께끼이지만 하나님께는 전혀 그렇지 않다. 물론 신학자들이 그 딜레마를 풀어보려는 시도를 전혀 하지 않았던 것은 아니다.

두 가지 기본적인 교리적 관점이 이 질문들에 대한 이해를 돕고 있다. 그 중 한 가지 관점은 하나님의 주권을 강조하고 있다. 그런 관점의 극단은 사람들이 기도하건 기도하지 않건 하나님은 하나님의 완전하신 뜻에 따라 역사하신다는 것이다. 이 관점에서 보면 기도는 하나님의 뜻에 전적으로 따르는 것이다. 이와 반대되는 관점의 극단은 우리의 기도가 많은 부분에서 하나님의 행동의 방향을 결정짓는다고 보는 것이다. 우리가 끈질기게 기도할 때 하나님은 본래 그렇게 의도하지 않았을지라도 결국 우리의 기도를 받으시고 그렇게 역사하신다는 것이다.

목사이자 작가인 제임스 몽고메리 보이스(James Montgomery Boice)는 이러한 역설이 위대한 영적인 지도자들조차 당혹스럽게 만든다는 것을 보여주기 위해 유머러스한 이야기를 들려준다.

칼빈파 부흥사인 죠지 휘트필드(George Whitefield)와 아르미니우스파 부흥사인 쟌 웨슬리(John Wesley)가 아주 큰 사역을 같이 섬기게 되었다. 그래서 그 두 사람은 낮에는 함께 설교를 했고 밤에는 같은 숙소를 사용했다. 어느 날 아주 바쁘게 하루를 보낸 뒤 두 사람은 숙소로 돌아와서 잠잘 준비를 했다. 칼빈파에 속한 휘트필드는 침대 옆에 무릎을 꿇고 기도하면서 이렇게 말했다. "주님 오늘 주님께서 많은 사람들을 보내주시고 말씀을 전하게 해주셔서 감사합니다. 우리는 그들의 삶과 운명이 온전히 주님의 손에 달려있다는 것에 감사하고 또 기뻐합니다. 하나님의 완전하신 뜻에 따라 우리의 수고를 축복하여 주시옵소서. 아멘." 그는 일어나서 침대로 갔다. 그때 웨슬리는 휘트필드의 침대를 올려다보며 "휘트필드 씨 칼빈파는 그런 식으로 기도하나요?"라고 말했다. 그러고 나서는 머리를 숙이고 기도하기 시작했다. 휘트필드는 침대에서 잠이 들었다. 약 두 시간 정도가 지난 후 휘트필드는 잠에서 깨어났다. 그런데 웨슬리가 그때까지도 침대 옆에서 기도하고 있었다. 휘트필드가 일어나서 웨슬리에게로 다가가보니 웨슬리는 기도하는 자세로 엎드린 채 자고 있었다. 휘트필드는 웨슬리의 어깨를 흔들어 깨우며 "웨슬리 씨 아르미니우스파는 이렇게 기도하나요?"라고 말했다.

휘트필드와 웨슬리처럼 우리도 기도를 통해 하나님의 거룩하신 역사하심의 깊이를 도저히 측량할 수 없다. 성경은 하나님의 절대주권에 대해 분명하게 말하고 있지만, 동시에 하나님의 주권을 받아들이되 기도의 책임을 다하라고 명령하고 있다. 만약 우리가 기도해도 하나님이 우리의 기도에 아무 반응을 하지 않는다면 기도에 대한 예수님의 가르침은 아무 소용없는 것이 될 것이며, 기도하라는 모든 명령들은 허무한 말에 불과할 것이다. 게다가 하나님의 주권이 인간의 기도를 통해 어떻게 역사하는지에 대한 딜레마를 푸는 것은 우리에게 주어진 임무가 아니다.

하나님의 뜻이 이루어지기를 기도하는 것은 주기도문의 세 번째 간구로 등장한다. 하나님의 이름이 거룩히 여김을 받도록, 그리고 하나님의 나라가 임하도록 간구한 후에 예수님은 "뜻이 하늘에서 이루어진 것 같이 땅에서도 이루어지이다"(마 6:10)라고 기도했다. 우리는 기도할 때 하나님의 뜻에 맞게 기도해야 한다. 하나님 아버지의 뜻이 우리의 뜻이 되어야 한다. 우리는 또한 하나님의 뜻이 하늘에 충만한 것처럼 이 땅에도 충만해지도록 기도해야 한다.

다윗은 "나의 하나님이여 내가 주의 뜻 행하기를 즐기오니"(시 40:8)라고 이 세 번째 간구에 나타난 마음으로 기도했다. 그것은 또한 그리스도의 마음이기도 했다. "예수께서 이르시되 나의 양식은 나를 보내신 이의 뜻을 행하며 그의 일을 온전히 이루는 이것이니라"(요 4:34, 참조: 마 12:50, 요 6:38)

: : 하나님의 뜻은 결코 변경될 수 없는 것인가?

불행히도 믿는 자들을 포함하여, 주기도문에 나오는 세 번째 간구의 마음을 가지고 있지 않은 사람들이 많다.

원망 섞인 분노

기독교 사역을 직장으로 삼고 있는 사람들 중에는 하나님의 뜻을 피할 수 없는 의무로 여기고 분노하는 사람들이 있다. 독재자와 같은 신이 사람들에게 이기적으로 주권을 행사한다는 것이다. 그들은 그 운명에서 도저히 벗어날 수 없다고 생각하고 강요받는다고 느끼며 기도한다.

성경해설가 윌리엄 바클레이(William Barclay)는 다음과 같이 말한다.

이런 사람들이 "뜻이 이루어지이다"라고 말할 때는 속으로는 원치 않으면서 어쩔 수 없기 때문에 끌려가는 것 같은 투로 말할 것이다. 그들은 말은 그렇게 말하지만 속으로 정말 그렇게 되기를 바라는 것은 아니다. 그 외에 달리 선택의 여지가 없다고 생각하기 때문에 그렇게 하는 것이다. 그들은 하나님이 너무 강하기 때문에 또 하나님의 뜻을 피하려고 해보아야 계란으로 바위치기이기 때문에 그렇게 하는 것이다.

18세기 페르시아 시인 오마르 카이얌(Omar Khayyam)도 하나님에 대해 이와 비슷한 생각을 하고 있었다. 그는 네 개의 문장으로 되어 있는 그의 풍자시 모음집인 '루바이야트(Rubaiyat)'에서 아래와 같이 쓰고 있다.

그가 밤낮으로 가지고 노는
체스판 위의 가련한 체스들(chess piece),

이리저리 옮기고, 지켜보고, 죽인다.
그러다간 게임이 끝나면 상자에 와르르 쏟아 넣는다.

공은 왜 찬성인지 반대인지 이유를 묻지 않는다.
그리고 폴로 게임자는 끊임없이 이리저리 공을 쳐댄다.
신은 당신을 쳐서 필드로 날린다.
신은 모든 것을 알고 있다. 그는 알고 있다. 그는 알고 있다!

이 페르시아 시인은 하나님을 체스를 두는 사람과 같다고 생각했다. 마치 체스를 두는 사람이 체스 말들을 자기 마음대로 이리저리 움직이다가 체스게임이 끝나면 전부 모아서 보관함에 넣어두는 것처럼 말이다. 이 시인은 또한 하나님을 폴로 채로 폴로게임을 하는 사람으로 보았다. 폴로게임을 하는 사람이 공을 치면 공은 그저 맞은 방향으로 나아갈 뿐 공에게는 아무 선택권이 없다는 것이다. 그러나 이 시인과 같은 그런 관점은 하나님과 그의 백성들과의 관계를 잘 알지 못하는데서 기인한다.

수동적인 체념

믿는 자들 중에 어떤 사람들은 하나님의 뜻에 분노하지 않는다. 그들은 하나님을 자녀들에게 최고의 것을 주고 싶어 하는 사랑이 많은 아버지로 본다. 그러나 그들도 여전히 하나님의 뜻을 돌이킬 수 없는, 바꿀 수 없는, 저항할 수 없는 것이라고 생각하면서 기도를 해도 별로 달라질 것이 없다고 생각한다. 그들이 하나님의 뜻이 이루어지도록 기도하는 이유는 단지 하나님이 그렇게 하라고 명령했기 때문이다. 그것은 결코 믿음의 기도가 아니다. 그것은 투항하는 것 같은 기도이다. 그렇게 기도하는 크리스천들은 어쩔 수 없다는 듯 패배주의적인 태도로 하나님의 뜻을 받아들인다.

그래서 그들은 기도생활에 활기가 없고, 하나님께 무언가 구하지만 시간이 지나면 무엇을 구했는지 잊어버린다. 마치 아무리 구해도 하나님은 그것을 들어주지 않을 것이라는 것을 미리 다 알고 있다는 듯이 말이다. 하물며 믿음이 아주 강하고 생동감이 넘쳤던 초대교회에서도 기도가 소극적이거나 기도응답을 기대하지 않는 경우도 있었다. 사도 베드로가 감옥에 갇혔을 때 믿는 자들이 마가라 하는 요한의 어머니 마리아의 집에 모여 베드로가 풀려나기를 기도하고 있었다(행 12:12). 그들이 모여서 기도하고 있을 때 주님은 기적으로 베드로를 사슬에서 풀어 감옥 밖으로 나오도록 인도해 주었다(행 12:7~10).

베드로가 모여서 기도하고 있는 집에 도착하여 문을 두드렸을 때 로데라고 하는 여종이 문을 열어주러 나갔다가 베드로의 목소리인 것을 알고는 미처 문을 열어주지도 않은 채 급히 사람들에게로 가서 베드로가 돌아왔다고 말했다(행 12:13~14). 그러나 사람들은 여종의 말을 믿지 못했다. 그러다가 그들은 실제 베드로가 문 앞에 선 것을 보고 모두 놀랐다(행 12:16). 이것을 볼 때 그들은 기도는 했지만 막상 그것이 실제로 일어날 것을 믿지 못했던 것이 분명하다.

기도는 단지 기도하라는 명령에 순종하는 것을 보여주기 위해 행하는 겉치레나 의무에 불과한 행동이 아니다. 그런 기도는 기도의 좋은 동기는 될 수 있지만 그 결과는 위선적인 바리새인들의 기도와 별반 다를 것이 없다. 우리는 기도가 하나님의 마음을 움직인다는 것을 믿고 믿음의 기도를 해야 한다. 기도하면서 그러한 수동적이고 체념하는 태도를 갖지 않도록 하기 위해 예수님은 제자들에게 끈질긴 과부의 기도에 대한 이야기를 들려주었다. "항상 기도하고 낙심하지 말아야 할 것을 비유로 말씀하여"(눅 18:1)

: : 하나님의 뜻은 이 땅에서 살아있고 또 이루어지고 있는가?

"뜻이 … 땅에서도 이루어지이다"라는 간청은 하나님의 뜻이 이 땅에서 항상 이루어지는 것은 아니라는 것을 보여준다. 그것은 또한 다른 진실도 보여준다. 우리는 "하나님의 이름이 거룩히 여김을 받으시오며"라고 기도하지만 막상 하나님의 이름은 거룩히 여김을 받지 못할 때가 있다. 우리는 "하나님의 나라가 임하시오며"라고 기도하지만, 그러나 막상 많은 사람이 하나님의 통치를 거부한다. 이처럼 하나님의 뜻은 돌이킬 수 없는 것이 아니다. 사실, 기도가 부족하면 하나님의 뜻이 방해를 받는다. 그 이유는 기도는 하나님의 지혜롭고 은혜로운 계획의 일부이며, 따라서 하나님의 뜻이 이 땅에 이루어지기 위해서는 기도가 반드시 필요하다.

죄의 영향

하나님은 주권자이시다. 그러나 그렇다고 해서 하나님이 혼자서 모든 것을 결정짓는 것은 아니다. 그런데 하나님의 주권을 운명적으로 받아들일 수밖에 없는 것이라고 생각하는 사람들이 너무 많다. 그들은 하나님의 뜻이라면 무엇이든 그대로 이루어질 것이라고 생각한다. 또 그들은 모든 비극적인 사건들이 하나님께로부터 비롯되었다고 생각한다. 사랑하는 사람의 죽음, 질병과 같은 개인적인 문제이건 또는 지진, 홍수와 같이 세계적인 문제이건 말이다. 그러나 그러한 생각은 기도와 순종을 약화시킨다. 그것은 하나님의 주권에 대한 올바른 관점이 아니다. 그것은 파괴적이고 비성경적인 관점이다.

하나님이 이 세상에 일어나는 모든 일들과 상황들을 주관하며, 그리고 거기에는 인생의 모든 비극들과 그 비극의 원인인 죄까지도 포함된다는 것이다. 만약 이런 식으로 하나님을 궁극적인 주권자로 본다면 우리는 하나님이 이 세상의 죄까지도 계획했다는 것에 동의하지 않을 수 없다. 하나님은 죄가 세상에 들어오도록 계획했고, 따라서 인류의 원죄는 하나님의 원래의 계획에 의한 것이기 때문에 하나님은 그것에 전혀 놀라지 않는다는 시나리오가 성립될 수 있다. 따라서 악과 악으로 인한 모든 결과들은 세상의 기초가 세워지기 전부터 하나님의 영원하신 계획안에 들어 있었다는 것이다.

우리는 하나님을 죄의 근본, 죄를 만든 자로 여길 수는 없다. 사도 요한은 "하나님은 빛이시라 그에게는 어둠이 조금도 없으시다"(요일 1:5, 참조: 약 1:13)라고 말했다. 하나님은 죄를 인정하지 않는다. 하나님은 죄를 묵과하지도 또 승인하지도 않는다. 하나님은 죄의 원인이 될 수도 또 죄의 대리자가 될 수도 없다. 하나님은 악한 자들에게 그들이 하는 것을 허용하면서, 하나님의 지혜롭고 거룩한 심판의 때까지 악의 세력을 제압하고 있을 뿐이다. 사람들이 지옥으로 가는 것은 하나님의 뜻이 아니다. 그렇기 때문에 하나님은 사람들을 지옥에서 구원하기 위해 독생자를 보내셔서 친히 그 몸으로 죄의 값을 치르게 했다. 사도 베드로는 "주의 약속은 어떤 이들이 더디다고 생각하는 것 같이 더딘 것이 아니라 오직 주께서는 너희를 대하여 오래 참으사 아무도 멸망하지 아니하고 다 회개하기에 이르기를 원하시느니라"(벧후 3:9)고 말했다. 죄가 세상에 존재하며 죄로 인해 그런 무서운 결과가 초래된 것은 하나님이 이 세상에 죄가 관영한 것을 간절히 보고 싶어서가 아니다. 오히려 하나님은 더 많은 사람들이 하나님께로 돌이켜 구원을 받도록 해주기 위해 참고 인내하고 있다. 따라서 하나님이 악을 허용하시는 것은 선한 목적을 위해서라고 결론 내릴 수 있다. (이 주제에 대해 더 자세하게 알아보려면 나의 저서 「사라지는 양심」(The Vanishing Conscience)을 읽어보라)

하나님의 주권과 인간의 뜻 사이에는 항상 서로 팽팽한 긴장이 존재한다. 그러므로 우리는 두 가지에 관한 하나님의 말씀을 조금 더 부드럽게 해석하려고 해보아야 소용이 없으며, 그런 식으로 문제를 해결하려고 해서도 안 된다. 하나님은 주권자이시지만 하나님은 우리에게 선택의 기회를 주신다. 그것은 하나님의 주권을 받아들이되 그 안에서 기도하라는 것이다. "뜻이 하늘에서 이루어진 것 같이 땅에서도 이루어지이다"(마 6:10)라고 말이다.

의로운 반발

1장에서 우리는 과부의 기도와 불의한 재판장에 대한 이야기를 살펴보았다(눅 18:1~11). 이 이야기에서 볼 때 과부는 자기 형편을 있는 그대로 운명적으로 받아들이기를 거부했으며 재판장에게 자기의 문제를 해결해 달라고 끈질기게 간청했다. 우리는 이와 동일한 마음을 가지고 이 땅에 하나님의 뜻이 이루어지기를 기도해야 한다. 신학자인 데이비드 웰스(David Wells)는 "삶을 '운명적으로' 받아들이는 것, 즉 다시 말하면 인생의 우여곡절을 숙명으로 받아들이면서 별도리가 없다고 생각하는 태도는 크리스천으로서 마땅히 가져야 할 하나님에 대한 믿음을 포기하는 것이다"라고 말했다.

하나님의 뜻을 올바로 이해하고 하나님의 뜻에 대해 올바른 태도를 갖는 것을 우리는 의로운 반발이라고 부를 수 있다. 하나님의 뜻을 따르려면 사탄의 뜻에 반대하는 것이 필요하기 때문이다. "뜻이 하늘에서 이루어진 것 같이 땅에서도 이루어지도록" 기도하는 것은, 죄를 짓는 것은 정상적인 것이며 도저히 어떻게 해 볼 수 없는 것이기 때문에 간과해 주어야 한다는 개념에 반발하는 것이다. 하나님의 뜻이 이 땅에 이루어지기를 온 마음으로 바랄 때 우리는 믿음 없는 세상 시스템에 반발하게 될 것이다. 우리는 그리스도를 욕되게 하고 거부하는 모든 것들을 버리게 될 것이며, 믿는 자들의 불신을 지적하고 도전하게 될 것이다. 그러나 기도에 무능력할 때 악과의 휴전을 선포하게 된다. 삶을 운명으로 받아들이는 것은 하나님에 대한 신앙적인 관점을 버리는 것이며, 구속역사에 대한 하나님의 계획을 외면하는 것이다.

예수님은 자기에게 어떤 일이 일어날지 이미 다 알고 있었지만, 그럼에도 불구하고 모든 상황들을 어찌해 볼 수 없는 것으로 또는 돌이킬 수 없는 것으로 생각하지 않았다. 예수님은 죄에 맞서 말씀을 전파했고 또 행동으로 죄에 맞섰다. 하나님 아버지의 집이 더럽혀졌을 때 "성전 안에서 소와 양과 비둘기파는 사람들과 돈 바꾸는 사람들이 앉아 있는 것을 보시고 노끈으로 채찍을 만드사 양이나 소를 다 성전에서 내쫓으시고 돈 바꾸는 사람들의 돈을 쏟으시며 상을 엎으셨다"(요 2:14~16, 참조: 요 21:12~13).

"하나님의 뜻이 이 땅에 이루어지도록 기도하는 것"은 우리의 모든 사악하고 타락한 행위들과 우리가 당하는 모든 사악하고 타락한 것들이 하나님의 거룩하신 뜻일 수도 있기 때문에 감사함으로 받아들여야 한다는 생각에 반대하는 것이다. 하물며 전도자들 중에서도 그런 생각을 하는 사람들이 있다. 그러나 하나님께로부터 온 것들 중에 사악하고 죄악된 것들은 아무것도 없으며 그런 것들은 전부 사탄에게서 온 것들이다. 우리는 의를 위해서 기도할 때 악한 것을 대적하면서 기도해야 한다.

그러나 세상의 악을 대적하는 것과 관련해서 독자들이 너무 지나치게 생각하지 않도록 하기 위해 여기 몇 마디 말을 덧붙이고 싶다. 우리는 악에 대해 부정적으로 반응해야 하고, 하나님의 뜻이 이루어지도록 기도해야 하지만, 그러나 행동을 취하려고 해서는 안 된다. 5장에서 살펴본 바와 같이 이 땅에 하나님의 나라를 세우기 위해 문화와 사회를 바꾸려는 시도는 우리의 책임도 또 우리의 목표가 되어서도 안 된다. 악에 저항하는 과정에서 사람들을 불순종하게 하면서까지 악한 문화와 관습들을 없애려고 시도해서는 안 된다. 그러한 저항은 하나님과 하나님의 말씀에 대한 불순종이다(롬 13:1~5, 벧전 2:13~17). 오히려 기도로 저항하라. 그리고 법아래서 타당하고 정당한 방법 내에서 세상문화에 저항하기 위한 행위들을 하라.

하나님의 뜻이 이루어지도록 기도하는 것은 사탄의 뜻이 이루어지지 않기를 기도하는 것이다. 그것은 다윗 왕이 "하나님이 일어나시니 원수들은 흩어지며 주를 미워하는 자들은 주 앞에서 도망하리이다"(시 68:1)라고 기도한 것과 같다. 그리고 하나님의 제단 아래서 성도들과 함께 "거룩하고 참되신 대주재여 땅에 거하는 자들을 심판하여 우리 피를 갚아 주지 아니하시기를 어느 때까지 하시려 하나이까"(계 6:10)라고 간구하는 것과 같다.

나는 모든 믿는 자들이 이런 태도를 갖기를 바란다. 의에 대한 우리의 열정에 도대체 무슨 일이 일어난 것인가? 하나님은 영웅적인 믿음을 원한다. 하나님은 우리가 그의 보좌를 흔들기를 원한다.

: : 하나님의 뜻이 당신의 뜻인가?

불행히도 우리의 뜻 때문에 우리가 하나님의 뜻을 구하지 못하게 방해를 받을 때가 많다. 우리는 자기 자신을 과시해야 모든 일이 쉽게 잘 풀리는 세상에 살고 있기 때문에 다른 사람들에게 대단한 사람처럼 보이고 싶어 한다. 그 결과 하나님의 영광을 위해 기도할 때 나의 내면이 변화되는 것보다 주변 세상을 바꾸는 것에 더 비중을 두는 경향이 생겨나게 되었다. 따라서 하나님이 상황을 바꿔달라는 우리의 기도에 즉각 응답해 주지 않으면 우리는 하나님과 꾸준히 교제할 열정을 잃게 된다.

만약 기도의 열정을 갖고 싶다면 기도를 통해 우리가 바라야 할 것은 하나님이 상황을 바꿔주는 것이 아니라 우리 자신을 변화시키는 것이며 또 상황을 바라보는 우리의 시각을 바꾸어주는 것이라는 것을 알아야 한다. 처음에는 상황이 어려워보일지라도, 하나님 안에서 인격이 변화되는 축복을 받을 때, 그리고 하나님의 뜻을 영접할 때 더 이상 상황 자체가 문제가 되지 않을 것이며 우리의 간절한 기도제목이 되지 않을 것이다. 그 이유는 상황들을 바라보는 우리의 태도가 변화되기 때문이다.

우리의 기도가 하나님을 믿는 믿음에 깊이 뿌리내릴 때, 하나님이 우리의 기도를 들으시고 응답해 주실 것을 믿을 때 우리는 올바른 태도와 관점을 가지고 기도하게 될 것이다. 기도의 가장 큰 장애물은 잘못된 기도 방법, 성경 지식 부족, 또는 주님의 일에 대한 열정 부족이 아니라 믿음이 부족한 것이다. 우리는 아무리 기도해도 우리의 삶이, 우리의 교회가, 이 세상이 별로 달라지지 않을 것이라고 생각하며 기도한다.

하나님의 뜻의 구체성

이 문제를 더 잘 이해하도록 돕기 위해 하나님의 뜻의 세 가지의 면을 살펴보아야 할 필요가 있다.

하나님의 포괄적인 뜻

하나님의 포괄적인 뜻이란 목적과 관련된 하나님의 뜻을 말한다. 하나님의 포괄적인 뜻은 광대한, 우주만물 모든 것들을 다 포함하여 하늘, 지옥, 땅을 포함한 전 우주에 담긴 하나님의 주권적인 계획을 이룰 때 드러나게 될 것이다. 하나님의 뜻에서 이 포괄적인 면은 죄가 역사하는 것을 일단 허용하고 또 사탄이 활동하는 것을 일단 허용한다. 그러나 하나님의 예정하신 때에 죄와 사탄은 하나님의 미리 아신 바대로 그 계획을 따라 마지막을 고하게 될 것이다.

이사야는 하나님의 궁극적인 뜻에 대해 "만군의 여호와께서 맹세하여 이르시되 내가 생각한 것이 반드시 되며 내가 경영한 것을 반드시 이루리라 … 이것이 온 세계를 향하여 정한 경영이며 이것이 열방을 향하여 편 손이라 하셨나니 만군의 여호와께서 경영하셨은즉 누가 능히 그것을 폐하며 그의 손을 펴셨은즉 누가 능히 그것을 돌이키랴"(사 14:24, 26~27)라고 말했다. 하나님이 무엇을 하려고 하든지 간에 그것은 이루어질 것이며 아무도 그 계획을 막지 못할 것이다.

"우리가 알거니와 하나님을 사랑하는 자 곧 그의 뜻대로 부르심을 입은 자들에게는 모든 것이 합력하여 선을 이루느니라"(롬 8:28) 비록 하나님 자신은 악한 것을 행하지 않지만 그래도 하나님은 역사 속에서, 그리고 우리의 삶 속에서 악한 것들이 일어나도록 허용하셨고, 그렇게 함으로서 모든 것들이 합력하여 선을 이루게 하셨다. 그리고 물론 하나님의 가장 원대한 계획은 하나님의 백성들을 구원하는 것이다. "모든 일을 그의 뜻의 결정대로 일하시는 이의 계획을 따라 우리가 예정을 입어 그 안에서 기업이 되었으니"(엡 1:11) 하나님의 원대한 목적은 구속받은 사람들인 성도들로 이루어진 영원한 교회를 위한 것이다.

어떻게 우리는 하나님의 포괄적인 뜻에 맞게 기도할 수 있는가? 하나님의 거룩하신 계획들이 이루어지기를 기쁨으로 확신하고 기다리라. 하나님의 계획대로 언젠가 교회가 완전하게 되어 그리스도와 함께 할 것이라고 믿고 우리는 그날을 기대하며 그때를 앞당겨주시도록 기도해야 한다.

긍휼과 관련된 하나님의 뜻

하나님의 뜻에서 긍휼에 관한 면은 하나님의 갈망을 말한다. 그리고 이 뜻은 하나님의 포괄적인 뜻 안에 포함되어 있고 또 그것과 완전히 일치하면서도 좀 더 구체적이다. 그러나 하나님의 포괄적인 뜻과는 달리 하나님의 갈망은 반드시 전부 이루어지는 것은 아니다. 사실 오늘날 우리 시대는 하나님의 갈망보다 사탄의 갈망을 더 잘 보여주는 시대이다.

예수님은 예루살렘의 구원을 갈망하셨다. 그래서 예수님은 기도했고, 말씀을 전파했으며, 병든 자들을 고쳐주었고, 끝까지 사람들을 섬겼다. "예루살렘아 예루살렘아 선지자들을 죽이고 네게 파송된 자들을 돌로 치는 자여 암탉이 제 새끼를 날개 아래 모음 같이 내가 너희의 자녀를 모으려한 일이 몇 번이냐 그러나 너희가 원치 아니하였도다"(눅 13:34) 그러나 예수님께 돌아온 그들의 반응은 무엇이었는가? 소수만이 예수님을 믿었고, 대부분은 예수님을 거부했으며, 그 중 어떤 이들은 예수님을 십자가에 못 박았다. 예수님은 "너희가 영생을 얻기 위하여 내게 오기를 원하지 아니하는도다"(요 5:40)라고 말했다. 이 말은 예수님이 제시한 풍성한 삶에 대한 제안을 사람들이 불신하고 거부한 것을 슬퍼하시는 말이다.

우리의 구주이신 하나님은 "모든 사람이 구원을 받으며 진리를 아는 데에 이르기를 원하신다"(딤전 2:4). 하나님은 "아무도 멸망하지 아니하고 다 회개하기에 이르기를 원하신다"(벧후 3:9). 불행히도 하나님의 그러한 갈망은 대부분 사람들의 삶에 이루어지지 않고 있다. 오히려 그들은 그리스도를 거부하고 있으며, 따라서 주님이 그들을 위해 하게 될 일은 애통하며 우는 것밖에 없게 될 것이다(렘 13:17).

명령과 관련된 하나님의 뜻

하나님의 뜻에서 명령과 관련된 면은 하나님의 자녀들에 대한 것이다. 그 이유는 오직 그들만이 순종할 수 있는 능력을 가지고 있기 때문이다. 하나님의 간절한 열망은 하나님의 자녀 된 자들이 기꺼이, 온전히, 즉각 하나님의 뜻에 순종하는 것이다. 바울은 순종에 대해 아래와 같이 말한다.

"너희 자신을 종으로 내주어 누구에게 순종하든지 그 순종함을 받는 자의 종이 되는 줄을 너희가 알지 못하느냐 혹은 죄의 종으로 사망에 이르고 혹은 순종의 종으로 의에 이르느니라 하나님께 감사하리로다 너희가 본래 죄의 종이더니 너희에게 전하여 준 바 교훈의 본을 마음으로 순종하여 죄로부터 해방되어 의에게 종이 되었느니라"(롬 6:16~18)

우리는 하나님의 종들이기 때문에 하나님의 명령에 순종해야 마땅하다. 베드로가 사람의 말이 아니라 하나님의 말을 들어야 한다고 말했던 것처럼 말이다.

"뜻이 이루어지이다"라고 기도하는 것은 세 가지를 위해 기도하는 것이다. 하나님의 영원하신 계획을 위한 죄의 심판과 세상의 완성, 하나님을 알지 못하는 사람들의 구원, 모든 믿는 자들의 하나님에 대한 순종.

"나라가 임하시오며"라는 말을 깊이 연구해 볼 때 우리는 하나님의 나라가 이 땅에 세 가지로 임한다는 것을 알 수 있다. 믿지 않는 사람들의 회심을 통해, 믿는 자들이 성령 안에서 의와 화평과 기쁨 속에 사는 것을 통해, 주님이 이 땅에 재림하셔서 이 땅에 주님의 나라를 세우시는 것을 통해. 나는 이 세 가지 요소들과 하나님의 뜻의 세 가지 면이 서로 깊이 연관되어 있는 것을 본다. 하나님의 포괄적인 뜻에는 이 땅의 모든 인간 나라들이 전부 그리스도의 나라가 되어 영원한 왕국을 세우는 것까지 포함되어 있다. 하나님의 긍휼의 뜻에는 믿지 않는 자들의 회심이 포함되어 있다. 그리고 하나님의 명령의 뜻에는 하나님의 백성들의 헌신이 요구된다.

하나님의 뜻에 따르는 것

우리의 삶에 하나님이 뜻이 이루어지도록 기도하기 전에 우리가 극복해야 할 가장 큰 장애물은 자존심이다. 사탄은 믿는 자들의 자존심을 이용해서 그들이 하나님을 거스르고 불순종하도록 만들고, 믿지 않는 자들의 교만을 이용해서 믿지 않는 하나님을 거스르도록 한다. 하나님의 뜻을 받아들이고 그 뜻이 이루어지도록 믿음의 기도를 하려면 먼저 우리는 하나님을 위해 우리의 뜻을 포기해야 한다. 사도 바울은 우리에게 어떻게 그렇게 할 수 있는지를 다음과 같이 말해주고 있다. "그러므로 형제들아 내가 하나님의 모든 자비하심으로 너희를 권하노니 너희 몸을 하나님이 기뻐하시는 거룩한 산 제물로 드리라 이는 너희가 드릴 영적 예배니라 너희는 이 세대를 본받지 말고 오직 마음을 새롭게 함으로 변화를 받아 하나님의 선하시고 기뻐하시고 온전하신 뜻이 무엇인지 분별하도록 하라"(롬 12:1~2) 우리의 삶을 하나님의 제단에 산 제물로 바치지 않고는, 다시 말하면 우리의 뜻이 온전히 죽지 않고는 하나님의 뜻이 우리의 삶에 분명하게 드러나지 않을 것이다.

우리가 믿음으로 기도하고 또 하나님의 뜻에 따라 기도할 때 기도는 우리의 삶을 극적으로 변화시킬 것이다. 이처럼 기도는 성화의 수단이다. 달라스신학교에서 역사신학 협동교수로 재직하고 있는 존 한나(John Hannah)는 "기도의 최종적인 목표는 눈에 보이는 기도응답을 통해 하나님을 의지하는 삶이 아니라 하나님을 사랑하고, 순종하는 것이다. 따라서 기도하라는 명령은 사랑하고 순종하라는 부르심이다. 또 무한하신 창조주와의 달콤한, 친밀한, 강력한 교제를 나누라는 것이다"라고 말했다. 하나님과 홀로 보내는 시간은 바로 그런 시간이다. 우리가 하나님을 온전히 의지할 때, 그리고 하나님의 뜻에 순종하며 살 때 기도의 능력과 열정을 깨닫게 될 것이다.

작가 필립 켈러(Philip Keller)는 파키스탄에 방문했다가 예레미야 18장 2절의 "너는 일어나 토기장이의 집으로 내려가라 내가 거기에서 내 말을 네게 들려주리라 하시기로"라는 말씀을 읽었다. 그래서 그와 다른 선교사 한 사람은 그 도시에 있는 토기장이의 집으로 갔다. 그리고 그는 그의 저서 「평신도가 바라보는 주기도문」(A Layman Looks at the Lord's Prayer)에 다음과 같이 쓰고 있다.

나는 그 장인에게 걸작을 만들어내기까지의 모든 과정을 낱낱이 보여주기를 간절히 청했다. … 선반 위에는 위엄을 발하는 술잔들, 사랑스런 화병들, 숨 막힐 정도로 아름답고 정교한 그릇들이 있었다.

그 장인은 뼈마디가 굵어진 다소 구부러진 듯한 손가락을 펼쳐 보이며 나를 그의 작업실 뒤쪽에 있는 작고, 어둡고, 굳게 닫혀있는 광 같은 곳으로 안내했다. 그가 삐꺽거리는 문을 열었을 때 뭔가 썩는 것 같은 지독한 냄새가 코를 찔렀다. 그 순간 나도 모르게 반사적으로 그 광의 바닥에 있는 어두운 구덩이로부터 뒷걸음질을 쳤다. "여기가 바로 걸작을 만드는 작업이 시작되는 곳입니다"라고 그는 그 컴컴하고 구역질나는 냄새가 풍기는 구덩이 옆에 무릎을 꿇으며 말했다. 그는 길고 가느다란 팔을 펴서 그 어두운 구덩이 속에 집어넣었다. 그의 가늘고 숙련된 손가락들은 작품에 맞는 흙덩어리를 찾기 위해 흙 반죽 속을 이리저리 헤집고 다녔다.

"나는 진흙에다가 특별한 풀들을 넣습니다. 그 풀들이 썩고 부패하면서 그 안에 있는 유기물질이 흙에 녹아들어가 흙의 점성을 높여준답니다. 그렇게 되면 진흙들이 서로 잘 엉겨 붙게 되죠"라고 그는 말했다. 마침내 그의 숙련된 손은 그 흙 반죽 중에서 가장 적절한 시커먼 흙덩어리를 한 움큼 떼 내었다. 그의 앙상한 발로 몇 시간 동안 치대고 반죽한 그 흙덩어리에서 말이다.

그 순간 시편 40편의 "내가 여호와를 기다리고 기다렸더니 귀를 기울이사 나의 부르짖음을 들으셨도다 나를 기가 막힐 웅덩이와 수렁에서 끌어올리시고 내 발을 반석 위에 두사 내 걸음을 견고하게 하셨도다"라는 말씀이 아주 새롭게 내 마음에 와 닿았다. 토기장이가 진흙 덩어리를 아주 조심스럽게 선택했듯이 하나님도 나를 선택하실 때 아주 특별히 주의를 기울였다는 것이 느껴졌다.

그의 집 뒤꼍에는 힌두 커시산이라는 아주 높은 산에서 가져온 거친 바위를 갈아 만든 커다란 화강암 판이 조용히 빙글빙글 돌고 있었다. 그것은 전통 재봉틀과 아주 비슷했지만 발로 페달을 밟아 작동하는 아주 단순한 장치였다.

그 돌이 탄력을 받아 재빨리 돌아가기 시작하자 나는 예레미야 18장 3절의 "내가 토기장이의 집으로 내려가서 본즉 그가 녹로로 일을 하는데"라는 말씀이 떠올랐다.

그러나 이 시점에서 내 마음에 다가오는 것은 페달 양쪽에 놓여있는 물 담긴 대야였다. 토기장이는 손을 물에 적시지 않고는 회전바퀴 중심에서 빠르게 돌아가고 있는 흙덩어리를 한 번도 만지지 않았다. 토기장이가 세심한 손가락과 부드러운 손바닥을 흙 반죽 덩어리에 갖다 댈 때 그의 손은 항상 중간정도의 적절한 습기를 유지하고 있었다. 적절한 습기를 유지하고 있는 그의 양손이 압력을 가할 때마다 그 흙덩어리가 얼마나 신속하게 그 손길에 반응하는지를 보면 경이로울 지경이었다. 토기장이의 양손 안에서 조용히, 그리고 부드럽게 우아한 술잔이 형태를 잡아가기 시작했다. 토기장이의 뜻과 소망대로 습기가 적절하게 흙덩어리에 배어들고 있었다. 다시 말하면 토기장이의 뜻이 흙덩이 안에서 이루어지고 있는 것이다.

나에게 있어서 그것은 하나님 아버지의 뜻과 소망이 하나님의 말씀의 물을 통해 내 안에 스며들고 드러나는 단순하면서도 신비스러운 진리를 감동적으로 보여주는 것이었다.

한 참 그 모습을 바라보고 있을 때 놀랍게도 갑자기 그 화강암 돌 판이 멈추었다. 왜 그럴까? 나는 가까이 가서 살펴보았다. 토기장이는 술잔에 붙어있는 쓸데없는 작은 흙덩어리들을 제거하고 있었다. 그 후 돌 판이 돌아가다가 또 한 번 갑자기 멈췄다. 토기장이가 이번에도 또 다른 딱딱한 물질을 제거하고 있었다. 토기장이는 술잔의 옆면에 홈이 나거나 긁히거나 깊이 홈이 파져 울퉁불퉁하게 된 곳을 잘도 찾아내었다. 그런데 어떤 곳에 홈이 너무 깊이 파져서 손을 써볼 도리가 없었다. 그러자 놀랍게도 그는 술잔 모양을 거의 다 갖춘 그 흙덩어리를 다시 손으로 뭉개 버렸다.

"진흙으로 만든 그릇이 토기장이의 손에서 터지매 그가 그것으로 자기 의견에 좋은 대로 다른 그릇을 만들더라"(렘 18:4) 나는 그렇게 놀랍도록 명확하고 강력한 교훈을 받아본 적이 없었다. 왜 그렇게 보기 드문 아름다운 걸작이 토기장이의 손에서 그렇게 뭉개져야 했는가? 그 이유는 토기장이가 흙덩어리로부터 저항을 받았기 때문이었다. 그것은 나에게 마치 진리의 천둥이 울리는 것 같았다.

왜 아버지 하나님의 뜻이, 즉 사람들을 정말 아름다운 사람들로 만들려는 하나님의 의도가 거듭거듭 헛수고가 되어 버리는

가? 왜 하나님의 온갖 노력에도 불구하고, 그리고 인간들에 대한 끝없는 인내에도 불구하고 인간들은 멸망에 치닫는가? 그것은 그들이 그저 하나님의 뜻에 저항하기 때문이다.

나는 그 순박한 토기장이의 초라한 작업장에서 간절하게 알고 싶은 갈망에 사로잡혀 이런 생각을 했다. 나는 고급스러운 도자기인가, 아니면 그냥 손 씻는 물을 담는 핑거볼에 지나지 않는가? 나의 삶은 사람들이 마시고 기분이 상쾌해질 수 있는 하나님의 생명이라는 고급 포도주를 담기에 좋은 우아한 술잔인가, 아니면 사람들이 지나가면서 잠깐 손가락을 담그고 난 뒤에는 전혀 신경도 쓰지 않는 조잡한 핑거볼인가? 그것은 나의 영적인 삶에서 가장 엄숙한 순간이었다.

"아버지, 하나님의 뜻이 하늘에서 이루어진 것 같이 이 흙 안에도(흙 반죽), 다시 말하면 내 안에도 이루어지이다."

chapter 7

"오늘날 우리에게
일용할 양식을 주옵시고"
"Give Us His Day Our Daily Bread"

모든 아기들은 어머니의 태에 들어선 순간부터 의존의 삶을 경험한다. 새로운 생명이 움트는 그 순간부터 태아는 엄마의 자궁에서 영양분을 빨아들여야 한다. 태어나도 아기는 먹는 것, 입는 것, 주거하는 것 등을 전부 부모에게 의지해야 한다. 아기는 스스로 해결할 수 있는 것이 하나도 없다. 이 세상에 있는 다른 피조물들과는 달리 아기는 엄마에게 다가갈 수도 없기 때문에 엄마가 아기에게 다가가야 한다.

아기는 또한 청결을 유지할 수 있는 능력도 없다. 아기는 목욕을 할 때, 손톱을 깎을 때, 머리를 빗을 때 등 생존에 필요한 거의 모든 것을 엄마와 아빠를 의지한다. 아기가 좀 더 자라면 움직이거나 이동할 수 있는 능력은 생기지만 무엇이 안전한지 무엇이 위험한지를 판단할 수 있는 능력이 부족하다. 부모의 도움이 없이는 계단에서 넘어지거나, 뜨거운 것에 화상을 입거나, 유해한 것을 먹을 수 있다. 이런 것들은 아기를 평생 동안 불구로 만들거나, 아니면 죽음에 이르게 할 수도 있다. 따라서 어린 아기들은 옆에서 늘 지켜보아야 한다. 이것에 이의를 제기할 사람은 아무도 없을 것이다.

크리스천들도 이와 마찬가지이다. 크리스천들은 아기처럼 하나님을 온전히 의지해야 한다. 우리는 먹는 것, 입는 것, 주거하는 것 등을 궁극적으로 전부 하나님을 의지해야 한다. 어린 아기들이 하루를 지내다보면 이런저런 것으로 더러워지는 것과 마찬가지로 우리도 이 세상을 살다보면 죄로 인해 더러워지게 된다. 주님은 우리의 모든 과거의 죄, 현재의 죄, 미래의 죄에 대한 값을 이미 다 치르셨지만 우리는 여전히 매일 죄를 짓는다. 우리는 하나님 앞에 나아가 죄를 고백함으로써 깨끗함을 받고 주님과의 관계를 회복해야 할 필요가 있다. 부모들이 어린 아기들을 해로운 것들로부터 지켜줘야 하듯이 우리도 영적인 삶을 방해하는 상황들로부터 우리 자신을 지키기 위해 하나님을 의지하는 것이 필요하다.

∷ 우리의 필요를 위해 기도하는 것

주기도문을 두 개 부분으로 나누어 볼 때 후반부 세 개의 간구들은 우리에게 결코 놀랄만한 것들은 아니다. 예수님은 주기도문 전반부를 통해 우리가 먼저 하나님 아버지께 집중하도록 했다. 그리고 난 뒤 이제는 이 세상에서의 우리의 필요를 위해 기도하는 방법을 보여주고 있다. "오늘 우리에게 일용할 양식을 주시옵고 우리가 우리에게 죄 지은 자를 사하여 준 것 같이 우리 죄를 사하여 주시옵고 우리를 시험에 들게 하지 마시옵고 다만 악에서 구하시옵소서"(마 6:11~13) 주기도문의 후반부는 사람들의 필요에 관한 것을 다루기는 하지만 그렇다고 해서 하나님을 뒤로 제쳐놓는 것은 아니다. 하나님은 여기서도 높임을 받는다. 하나님이 우리에게 일용할 양식을 주시고, 우리의 죄를 사하여 주시며, 우리를 시험으로부터 지켜주시는 분이라는 사실은 하나님의 능력과 은혜를 나타내 보여준다. 이처럼 하나님은 우리의 삶의 여러 가지 필요들을 채워줌으로써 하나님 자신을 영화롭게 하신다.

어떻게 보면 주님이 주기도문 후반부의 세 가지 간구에서 우리의 영적인 필요가 아니라 육적인 필요들을 위해 기도하라고 한 것이 다소 의외로 느껴질 수도 있다. 마틴 로이드 존스는 이 세 가지 간구들의 핵심을 다음과 같이 말해 준다.

이 세 가지 간구에서 중요한 전제는 우리가 이 세상에 계속 존재한다는 것이다. 우리는 살아있고 우리는 반드시 살아야 한다. 내가 존재한다는 사실이 이 간구들과 관련이 있으며, 그 중 첫 번째 간구는 우리의 육적인 필요를 다루고 있다. 다시 말하면 주님은 이 세 가지 간구들 중에서 육적인 삶의 필요를 위한 간구부터 제일 먼저 시작하고 있다. 그리고 이어 주님은 죄와 타락으로부터 깨끗하게 되어야 할 필요를 다루고 있고, 마지막으로는 죄와 죄의 힘으로부터 보호받아야 할 필요를 다루고 있다. 이것은 인간의 삶을 바라보는 올바른 방식이다. 나는 살아있다. 또 나는 반드시 살아있어야 한다. 그러나 나는 자신의 죄와 무가치함을 의식하며 그런 것들로부터 깨끗함을 받아야 할 필요를 느낀다. 그리고 나는 영원한 심판대 앞에서 나를 진퇴양난에 빠지게 할 삶의 죄악들로부터 빠져나와야 한다는 것을 깨닫는다. … 요약하면, 궁극적으로 성경 전체를 통틀어 기도처럼 하나님에 대한 절대 의존을 분명하게 보여주는 것은 없다. 특히 이 세 가지 간구들과 관련해서는 더욱 그렇다. 따라서 기도에서 정말 중요한 근본적인 문제는 우리가 하나님을 아버지로 생각하느냐 하는 것이다. 만약 우리가 하나님을 아버지로 인식했다면 우리의 문제들은 이미 다 해결되었을 것이며 아빠에게로 달려가는 어린 자녀들처럼 우리는 매일 하나님 아버지께로 달려가 하나님 아버지를 온전히 의뢰했을 것이다.

나는 독자들이 이 세 가지 간구들을 살펴보는 과정에서 하나님께 나아가 매일의 필요를 공급받으려는 갈망을 갖게 되기를 바란다.

:: 떡과 우리의 육적인 필요들

하나님께 매일 일용할 양식을 주시도록 기도하는 것은 매 끼니를 걱정해야 할 필요가 없는 미국의 크리스천들과는 아무 상관이 없는 일처럼 보인다. 아프리카와 몇몇 아시아 국가들에 사는 크리스천들이 그렇게 간구한다면 충분히 이해할 수도 있지만 미국에 있는 크리스천들에게는 이미 먹을 것이 충분히 있는데 그들이 일용할 양식을 간구할 필요가 뭐가 있겠는가? 그러므로 그런 간구는 잘 먹고 잘사는 미국인들에게는 맞지 않는 것처럼 보인다. 그렇다면 이 간구는 풍성한 먹거리에 둘러싸여 있는 크리스천들에게는 어떻게 적용될 수 있는가? 간구의 다섯 가지 요소들이 이에 대한 해답을 제시해 줄 것이다.

삶에 반드시 필요한 것들

떡이라는 말의 그리스도 원어는 음식만을 의미하지는 않는다. 그것은 우리의 모든 육적인 필요들을 상징하는 것이다. 신학자

존 스토트(John Stott)는 주기도문에서 "일용할 양식"이 무엇을 의미하는지에 대해 다음과 같이 말했다. "음식, 건강한 몸, 좋은 날씨, 집, 가정, 아내, 자녀들, 건전한 정부, 평화 등 삶을 지탱하기 위해 필요한 모든 것이 떡이다." 비록 주님이 그런 것들을 기도로 구하도록 한 것은 사실이지만, 그것은 육적인 삶에 반드시 필요한 것들을 말한 것이지, 부자로 사는 것을 의미하지는 않는다. 만약 하나님이 믿는 자들 중에 어떤 사람들을 부자로 살게 해 주셨다면 그것은 순전히 하나님의 은혜이다.

천지를 창조하신, 시공을 초월하시는 영원의 하나님, 그 거룩하심이 무한하시며, 모든 것에 부족함이 없으신 하나님이 나의 육적인 필요들에 관심을 가지고 그 필요들을 채워주신다는 것을 생각할 때 나는 전율을 느끼지 않을 수 없다. 마치 사랑이 많은 육의 아버지가 자녀들의 필요를 채워주고 싶어 하는 것처럼 하나님은 우리에게 먹을 것과 입을 것과 거할 곳이 충분한지에 늘 관심을 가지고 있다.

게다가 이 간구에는 육적인 필요를 구하는 것 이상의 의미가 담겨있다. 무엇보다 이 간구에는 우리가 가지고 있는 모든 좋은 것들은 은혜로우신 하나님께로부터 온 것이라는 인식과 확신이 담겨있다(약 1:17). 그렇기 때문에 이 간구는 먹을 것이 풍성한 자에게나 부족한 자에게 다 해당되는 것이다. 먹을 것이 없어 고통 받는 상황이 우리와는 상관없는 것일 수도 있지만, 하나님이 공급해 주시는 모든 것들에 항상 감사하며 또 지나치게 욕심을 부리지 않도록 해주시는 것에 대해서도 감사할 수 있다.

공급의 근원

우리의 모든 필요들이 채워지고 삶에 아무 문제가 없으면 우리는 우리가 소유한 것들을 우리의 공으로 돌리고 우리의 노력의 결과인 것처럼 생각하는 경향이 있다. 물론 우리는 먹을 것과 입을 것을 위해, 그리고 주택 대출금을 갚기 위해 열심히 돈을 번다. 그러나 우리가 아무리 열심히 일한다 하더라도 하나님이 공급해 주시지 않으면 아무것도 벌어들일 수 없을 것이다. 모세는 "네 하나님 여호와를 기억하라 그가 네게 재물 얻을 능력을 주셨음이라"(신 8:18)고 이스라엘 백성들에게 말했다.

우리의 생명, 부, 소유, 재능, 기회들 이 모든 것들은 하나님이 창조하셔서 사람들에게 허락하신 자원들에서 비롯된다. 우리가 가진 모든 것들은 하나님이 주신 것이다. 곡식이 자라도록 비를 보내고, 계절이 바뀌게 하시며, 토양이 기름지도록 양분을 만들어주시고, 우리의 생활이 편리하도록 천연자원을 공급해 주시며, 우리에게 입을 것과 먹을 것의 원천이 되는 동물과 식물을 주시는 분이 바로 하나님이다. 우리의 육적인 삶에 반드시 필요한 일용할 양식은 전부 하나님께로부터 온다.

하나님은 사람을 창조하기 전부터 사람에게 필요한 것들을 예비해 놓으셨다. 하나님은 아담과 하와를 만들고, 그들을 축복하시며 "내가 온 지면의 씨 맺는 모든 채소와 씨가진 열매 맺는 모든 나무를 너희에게 주노니 너희의 먹을거리가 되리라"(창 1:29)고 말했다. 그때부터 하나님은 인류를 위해 다양하게, 그리고 거의 무한하게 풍성한 음식을 공급해 주셨다.

그러나 사도 바울은 "성령이 밝히 말씀하시기를 후일에 어떤 사람들이 믿음에서 떠나 … 혼인을 금하고 어떤 음식물은 먹지 말라고 할 터이나 음식물은 하나님이 지으신 바니 믿는 자들과 진리를 아는 자들이 감사함으로 받을 것이니라 하나님께서 지으신 모든 것이 선하매 감사함으로 받으면 버릴 것이 없나니"(딤전 4:1, 3~5)라고 말했다. 우리가 감사와 기도로 받을 때 모든 음식들은 하나님의 말씀으로 깨끗하게 된다.

우리는 그런 태도를 가지고 있는가? 우리는 식사 전에 고개를 숙이고 기도할 때 음식에 대해 하나님께 진정으로 감사하는가? 우리 중에 많은 이들이 슬프게도 식사기도를 아주 빨리, 그리고 아무 생각 없이 대충 해버린다. 마치 의무적으로 하는 것 같은 태도이다. 그러한 태도는 하나님의 선물들에 대해 무덤덤하고 감사하지 않은 죄를 짓는 것이다. 하나님에 대한 열정과 심정을 가진 위대한 청교도 토마스 화트선(Thomas Watson)은 아래와 같은 글을 썼다.

우리에게 있는 모든 것들이 하나님이 준 선물이라면 그 모든 선물을 주신 이를 감사하기보다 오히려 대적하는 인간들은 얼마나 추악한가! 하나님은 그들을 먹이시지만 그들은 하나님을 대적한다. 하나님은 그들에게 먹을 것을 주지만 그들은 하나님을 모독한다. 그것은 얼마나 합당하지 않은 행동인가! 좋은 친구가 매일 먹을 것을 사주는데도 그 친구를 배반하고 상처를 주는 사람이 있다면 우리는 그 사람을 나쁘다고 생각하지 않겠는가? 그런데 죄인들은 하나님을 그렇게 대한다. 그들은 하나님의 자비를 잊어버릴 뿐만 아니라 하나님을 함부로 대한다. "내가 그들을 배불리 먹인즉 그들이 간음하며"(렘 5:7) 아, 은혜가 풍성한 하나님을 대적하고 죄를 짓는 것은 얼마나 나쁜 짓인가! 그것은 우리를 구원하기 위해 내미는 손을 쳐서 밀쳐버리는 것과 같다.

매일 육적인 필요가 채워진다고 해서 "일용할 양식을 주옵소서"라고 간구하는 사람의 영혼까지 만족을 얻는 것은 절대로 아니다. 하나님만이 그런 모든 공급하심의 근원이 된다는 것을 깨달을 때 우리의 영혼은 만족을 누리며 하나님께 영광을 돌리게 된다.

간구하는 마음

이 간구의 핵심은 "주옵시고"라는 말에서 가장 잘 드러난다. 왜냐하면 그 말이 간구자의 필요를 나타내주기 때문이다. 물론 우리가 구하기도 전에 하나님이 우리의 모든 필요를 미리 다 아시고 공급해 줄 수도 있다. 그러나 우리는 하나님이 과거에 공급해 주셨던 또는 현재에 공급해 주시는 것을 바탕으로 앞으로도 우리의 필요를 공급해 주실 것을 믿고 구하는 것이다.

주기도문에 나오는 예수님의 간구에 대한 가르침과 우리의 간구들은 그의 백성들에게 필요한 것들을 공급하겠다는 하나님의 약속을 바탕으로 한 것이다. 우리는 하나님이 약속하지 않을 것들을 바랄 수는 없다. 만약 하나님이 약속하지도 않았는데 어떤 것을 바란다면 그것은 주제넘은 것이 될 것이다. 그러나 하나님이 풍성하게 공급하겠다고 약속했기 때문에 우리는 확신을 가지고 기도할 수 있다.

다윗은 시편 37편에서 우리의 필요를 채워주겠다는 하나님의 약속을 믿으라고 말하고 있다.

"여호와를 의뢰하고 선을 행하라 땅에 머무는 동안 그의 성실을 먹을거리로 삼을지어다 또 여호와를 기뻐하라 그가 네 마음의 소원을 네게 이루어 주시리로다 … 잠시 후에는 악인이 없어지리니 네가 그곳을 자세히 살필지라도 없으리로다 그러나 온유한 자들은 땅을 차지하며 풍성한 화평으로 즐거워하리로다 … 내가 어려서부터 늙기까지 의인이 버림을 당하거나 그의 자손이 걸식함을 보지 못하였도다"(3~4, 10~11, 25절)

고린도후서 9장은 우리의 삶의 영적인 그리고 육적인 면 둘 다에 관해 언급하고 있다. 이 말씀의 전후배경은 믿는 자들이 다른 성도들의 필요들을 채우는 것에 관한 내용이다. "각각 그 마음에 정한 대로 할 것이요 인색함으로나 억지로 하지 말지니 하나님은 즐겨 내는 자를 사랑하시느니라"(7절) 우리가 다른 사람들의 필요를 채워주려고 할 때(6절), "심는 자에게 씨와 먹을 양식을 주시는 이가 우리에게 심을 것을 주사 풍성하게 하시고 또 의의 열매를 더하여 주신다"(10절). 우리가 하나님의 나라에 투자할 때 하나님은 영적인 열매는 물론이요 먹을 것과 입을 것까지도 공급해 주신다.

불의한 자들의 필요와는 상관없다

육적인 필요를 채워주시겠다는 성경의 약속은 마태복음 6장 11절에 '우리'라는 말로 표현된 하나님의 백성들에게만 해당된다. 다윗이 시편 37편에서 믿는 자들에게 말한 것을 보라. "여호와를 의뢰하고…"(3절) 또 "여호와를 기뻐하라…"(4절), "네 길을 여호와께 맡기라"(5절), "여호와 앞에 잠잠하고 참고 기다리라"(7절) 의인들에게는 약속이 주어져 있고, 불의한 자들에게는 심판이 기다리고 있다. "여호와께서 온전한 자의 날을 아시나니 그들의 기업은 영원하리로다 그들은 환난 때에 부끄러움을 당하지 아니하며 기근의 날에도 풍족할 것이나 악인들은 멸망하고 여호와의 원수들은 어린양의 기름 같이 타서 연기가 되어 없어지리

로다"(18~20절)

또한 예수님도 "내가 진실로 너희에게 이르노니 하나님의 나라를 위하여 집이나 아내나 형제나 부모나 자녀를 버린 자는 현세에 여러 배를 받고 내세에 영생을 받지 못할 자가 없느니라 하시니라"(눅 18:29~30)고 말했다. 하나님은 하나님의 백성들의 필요를 반드시 채워주시며, 그들의 필요를 채워주기에 여념이 없는 분이다.

생명 경시 풍조

이 세상에 일어나는 심한 가뭄이나 그로 인한 여러 가지 질병을 일으키는 가장 큰 원인은 농사기술부족, 잘못된 경제정책 또는 정치정책 때문이 아니며, 과학자원과 기술자원들이 부족 때문도 아니고, 인구밀도가 너무 높아서도 아니다. 그런 문제가 일어나는 것은 영적인 것과 관련이 있다.

세계에서 기아에 허덕이는 지역들은 인간 생명을 존중하지 않는 지역이거나 또는 기독교적인 뿌리가 없는 곳이다. 예를 들면, 인도의 엄청난 가난과 기아는 힌두교에 그 뿌리가 있다. 그리고 그곳의 종교들은 신도(Shintoism)와 불교를 포함하여 여러 종교들이 혼합되어 생겨난 이방종교이다. 그러한 종교들이나 그와 비슷한 종교들이 동방세계의 반을 영적으로 잠식하고 있으며 그런 종교들의 영향이 점점 서방세계까지 퍼지고 있다.

그런 지역에서는 환생을 믿는 힌두교적인 특성 때문에 모든 동물들을 사람들 또는 신들이 환생한 존재들로 여겨지고 있다. 특히 소들이 신성하게 취급받고 있는데, 그 이유는 소들을 3억 3천이 넘는 힌두교의 신들이 환생한 것으로 여기기 때문이다. 이러한 소들은 인도 전체 음식의 20%를 먹어치우기 때문에 음식부족 현상을 악화시키고 있다. 하물며 인도 전체 음식의 15%를 먹어치우는 들쥐나 생쥐들도 어떤 사람들의 친척들이 환생한 것일지도 모르기 때문에 죽이지 않는다.

인도에서 이방종교가 큰 재앙인 것과 마찬가지로 아프리카와 세계의 많은 다른 나라에서도 동일한 일이 일어나고 있다. 기독교는 서방세계에 축복을 가져왔다. 유럽과 미국은 비록 성경적인 의미의 기독교 실현과는 거리가 멀기는 하지만 정치, 사회, 경제 철학, 정책 등에 미친 기독교의 영향력으로 인해 측량할 수 없을 정도로 엄청난 축복을 받았다. 그러나 미국에서도 낙태, 유아살해, 안락사를 법적으로, 사회적으로 공인해 주는 분위기로 인해 인간의 생명에 대한 경시 풍조가 점점 더 뚜렷하게 나타나고 있으며, 이제는 생명 경시 풍조가 가정에 대한 인식에도 크게 영향을 미쳐 사회 여기저기에 가정을 경시하는 풍조가 만연되어 있다.

하나님의 관점

하나님을 바라보는 올바른 관점이 없으면 사람에 대한 올바른 관점 또한 존재하지 않는다. 하나님에 대한 올바른 관점을 가지고 있는 사람들은 예수 그리스도를 통해 하나님과 올바른 관계를 맺을 수 있다.

"목숨을 위하여 무엇을 먹을까 무엇을 마실까 몸을 위하여 무엇을 입을까 염려하지 말라 목숨이 음식보다 중하지 아니하며 몸이 의복보다 중하지 아니하냐 … 이는 다 이방인들이 구하는 것이라 너희 하늘 아버지께서 이 모든 것이 너희에게 있어야 할 줄을 아시느니라 그런즉 너희는 먼저 그의 나라와 그의 의를 구하라 그리하면 이 모든 것을 너희에게 더하시리라"(마 6:25, 32~33)

우리가 영적인 문제들에 모든 관심을 집중시킬 때 하나님은 우리의 육적인 필요들을 채워주실 것이다.

때로 하나님은 기적적인 방법으로 하나님의 자녀들의 필요를 채워주신다. 그러나 하나님이 필요를 채워주시는 가장 우선적인 방법은 수고하고 일하는 것을 통해서이다(살후 3:10~12). 그리고 하나님은 우리가 일할 수 있도록 에너지, 자원, 기회를 주신다. 또 일할 수 없는 타당한 이유가 있는 사람들을 위해서는 그들을 돌보아줄 사람들을 보내신다. 직접적으로든 간접적으로든 하나님은 우리의 육적인 필요를 돌보아주시는 근원이시다. 하나님은 이 땅이 우리에게 필요한 것들을 생산해 내도록 하셨고 그것을 사용할 수 있는 능력을 우리에게 주셨다.

하루하루

하나님께 우리의 필요를 채워주시도록 기도할 때 그 필요는 바로 오늘을 위한 것이어야 한다. 우리는 하루하루 주님을 의지해야 한다. 내일을 염려하지 않고 오늘의 필요를 공급해 주실 것을 믿는 것은 하나님의 선하심과 신실하심에 대해 감사하고 만족한다는 표현이다.

기도는 공급자이신 하나님을 바라보는 것이다. 기도는 하나님이 우리의 모든 육적인 필요들을 채워주시는 근원이라는 것을 인정하는 것이며, 또 기도할 때 하나님이 그런 필요들을 채워주실 것을 확신하면서 하루하루를 살아갈 수 있다.

chapter 8

"우리의 죄를 사하여 주옵시고"
"Forgive Us Our Debts"

뉴욕시 외곽 공동묘지에 있는 큰 묘비에는 아주 특이한 비문이 새겨져 있다. 그 묘비에는 거기에 묻혀있는 사람의 이름이 없다. 그 사람이 언제 태어났고, 언제 죽었는지… 그 사람의 어머니, 아버지, 아내, 형제, 자매, 아들, 딸에 대한 아무 기록도 없다. 그 묘비에는 딱 한마디만 적혀 있다. "용서받았음" 아마도 하나님의 용서로 누리게 된 평화가 그 사람의 인생에서 가장 중요한 사건이었던 것 같다.

19세기 미국에서 인기 있었던 설교자인 헨리 워드 비쳐(Henry Ward Beecher)는 아래와 같이 말했다.

나는 어떤 나무에서 잘라냈지만, 지금은 우리 집 정원에서 꽃을 피우고 있는 나뭇가지 하나를 바라본다. 잘려진 곳이 보기 싫은 흉터처럼 여름 내내 그대로 남아있을 것이다. 그러나 가을이 오면 가지가 무성해져서 그 보기 싫은 곳이 완전히 덮여버릴 것이다. 그리고 그 다음해 가을이면 그 상처는 점점 더 보이지 않게 될 것이다. 그리고 4~5년이 지나면 과거의 흔적 정도로만 남게 될 것이다. 10년 20년이 지나면 그곳이 잘린 부분인지도 몰라볼 정도가 될 것이다. 나무들은 상처를 숨기는 법을 알고 있다. 상처 난 부분을 덮어버릴 정도로 무성하게 자라는 것 말이다. 그리고 사랑은 나무들처럼 그렇게 오랜 시간을 기다리지 않는다.

베드로는 사랑은 허다한 죄를 덮는다고 말했다(벧전 4:8). 그리고 죄를 덮어주는 방법 중에 가장 중요한 방법은 용서하는 것이다.

하나님이 반드시 해야만 했던 가장 복되고 가장 큰 희생은 인간의 죄를 용서하시는 것이었다. 하나님은 반드시 그렇게 해야 했다. 그 이유는 죄를 용서해야만 우리를 지옥으로부터 지킬 수 있고, 우리의 삶에 기쁨을 줄 수 있기 때문이다. 그것은 가장 축복된 것이었다. 그 이유는 죄를 용서할 때 우리가 하나님과의 관계를 회복할 수 있기 때문이다. 그것은 가장 큰 희생을 치르는 것이었다. 그것이 가장 큰 희생인 이유는 우리를 살리기 위해 하나님의 아들의 목숨을 희생해야 했기 때문이다.

존 스토트(John R. W. Stott)는「당신의 죄를 고백하라」 (Confess Your Sins)란 저서에서 영국의 어떤 큰 정신병원의 책임자의 말을 인용하고 있다. "우리 병원 환자들이 용서받았다는 확신을 갖기만 한다면, 나는 내일이라도 당장 그 환자들 중에 반을 사회로 돌려보낼 수 있을 것입니다." 진정한 용서를 통해 죄로부터 구원받는 것은 가장 절박한 인간의 영적 필요이다. 인간은 용서를 받지 않고는 하나님과의 관계 회복에서 오는 평화와 희망을 누릴 수 없다. 하나님은 거룩하시며 "눈이 정결하시므로 악을 차마 보지 못한다"(합 1:13). 이사야는 "거룩하다 거룩하다 거룩하다 만군의 여호와여"(사 6:3)라고 말했다. 거룩하신 하나님은 죄를 용서받지 않은 부정한 인간들과의 교제를 기뻐할 수 없다.

바로 이런 이유 때문에 예수님은 이것을 주기도문의 다음 주제로 삼으셨다. "우리가 우리에게 죄지은 자를 사하여 준 것 같이 우리의 죄를 사하여 주옵시고"(마 6:12) 14~15절은 이에 대한 부수적인 설명을 위해 덧붙여진 것이다. "너희가 사람의 과실을 용서하면 너희 천부께서도 너희 과실을 용서하시려니와 너희가 사람의 과실을 용서하지 아니하면 너희 아버지께서도 너희 과실을 용서하지 아니하시리라"

: : 죄가 문제이다

죄 용서는 인간의 영혼이 가장 절박하게 원하는 것이다. 그 이유는 죄에는 이중효과가 있기 때문이다. 죄는 양심의 가책을 느끼게 함으로서 삶의 충족감을 빼앗아 버림과 동시에 영원한 지옥으로 떨어지게 한다. 죄는 사람을 하나님과 궁극적으로 분리시킨다. 따라서 죄는 분명 인간 최대의 문제이며 궁극적인 원수이다.

사도 바울은 로마서에서 구약의 말씀들을 응용함으로써 죄의 영향을 말해 주고 있다. "기록된바 의인은 없나니 하나도 없으며 깨닫는 자도 없고 하나님을 찾는 자도 없고 다 치우쳐 함께 무익하게 되고 선을 행하는 자는 없나니 하나도 없도다"(롬 3:10~12, 참조: 시 14:1~3, 53:1~4) 또한 바울은 "모든 사람이 죄를 범하였으매 하나님의 영광에 이르지 못하더니"(롬 3:23)라고 결론짓고 있다.

죄가 하는 일

죄는 절대적인 지배자로 군림하며 모든 사람들의 마음을 통치하고 있다. 죄는 영혼의 주인이 되었고 죄의 바이러스는 모든 살아있는 것들을 전염시켰다. 죄는 사람들을 퇴보시켜서 질병, 죽음, 지옥 등에 매우 약한 존재가 되게 하는 힘이다. 죄는 이혼, 파괴된 가정, 깨진 우정, 논쟁, 고통, 슬픔, 죽음의 원흉이다. 성경이 죄를 열린 무덤과 독사의 독에 비유한 것은 결코 놀라운 일이 아니다(롬 3:13).

죄는 치유될 수 없는 도덕적, 영적 질병이다. "구스인이 그의 피부를, 표범이 그의 반점을 변하게 할 수 있느냐 할 수 있을진대 악에 익숙한 너희도 선을 행할 수 있으리라"(렘 13:23)

*죄는 사람의 마음을 지배한다. 로마서 1장 21절은 사람들이 악과 정욕 때문에 마음이 미련해져버렸다는 것을 보여주고 있다.

*죄는 의지를 지배한다. 예레미야 44장 15~17절에 의하면 죄가 사람들의 의지를 조종하고 있기 때문에 사람들은 악을 행하고 싶어 한다.

*죄는 감정을 지배한다. 자연인으로서의 인간은 죄가 치유되는 것을 원하지 않는다. 그 이유는 인간은 빛보다 어두움을 사랑하기 때문이다(요 3:19).

*죄는 사람을 사탄의 지배하에 있게 만든다. 에베소서 2장 2절은 사람들이 불순종의 아들들 안에 역사하는 공중의 권세 잡은 자를 따른다고 말해 주고 있다.

*죄는 사람을 하나님의 거룩한 분노 아래 있게 한다. 에베소서 2장 3절에 의하면 구원받지 못한 사람들은 "진노의 자녀들"이다.

*죄는 사람들을 삶의 허무함에 굴복하게 한다. 욥은 "사람은 고생을 위하여 났으니 불꽃이 위로 날아가는 것 같으니라"(욥 5:7)고 말했다. "여호와께서 말씀하시되 악인에게는 평강이 없다 하

셨느니라"(사 48:22)

죄의 형태

신약성경의 저자들은 다섯 가지 그리스어를 사용해서 죄의 몇 가지 단면을 묘사했다.

'Hamartia'는 가장 일반적으로 사용된 말로서 표적에서 빗나갔다는 뜻이며 뿌리로서의 죄를 말한다. 죄는 하나님이 정하신 의의 기준에서 빗나간 것이다.

'Paraptoma'는 실족하는 죄를 의미하며, 의도적인 불순종이라기보다는 부주의로 인한 결과일 때가 더 많다. 우리나라 말로는 "실족 또는 죄"로 번역되어 있다.

'Parabasis'는 선을 넘는다는 뜻이다. 즉, 하나님이 정하신 한계를 넘어갔다는 것이다. 이 죄는 좀 더 의식적이고 의도적인 죄이다. 우리나라 말로는 "죄 또는 범죄"로 번역되어 있다.

'Anomia'는 불법을 의미하는 것으로서 이것은 더욱 더 의도적이며 극악한 죄이다. 이 죄는 하나님과 하나님의 뜻에 대해 직접적이고 공개적으로 대적하는 것을 말한다.

'Opheilema'는 마태복음 6장 12절에서 사용되었다. 이 말의 동사 형태는 도덕적인 또는 영적인 죄의 빚에 대해 말할 때 가장 많이 사용되고 있다. 하나님께 있어서 죄는 인간들이 반드시 갚아야 할 도덕적인 영적인 빚이다. 누가는 주기도문을 기록할 때

hamartia를 사용함으로서(눅 11:4) 그것이 재정적인 빚이 아니라 죄에 대해 언급하고 있음을 분명하게 말해 주고 있다. 마태는 Opheilema를 사용하고 있는데 그 이유는 그것이 아람어로서 그 당시 유대인들이 가장 일반적으로 사용했던 말이었기 때문이다. 그리고 그 말은 하나님께 진 영적인 도덕적인 빚을 나타내주기도 했다.

그리스도를 믿는 사람들은 죄에 대한 하나님의 용서를 받아들임으로서 영원한 지옥 불에서 구원을 받았다. 주기도문은 믿는 자들을 위해 기도의 본으로 제시된 기도였기 때문에 여기서 채권자는 크리스천들의 허물과 죄로 말미암아 상처받은 사람들을 의미한다. 죄를 용서받아야 하는 우리의 영적인 필요는 매일의 일용할 양식에 대한 필요와는 비교가 안 될 정도로 훨씬 더 중요한 문제이다. 아더 핑크(Arther Pink)는 이에 대해 다음과 같이 말한다.

죄는 하나님의 거룩함에 반대가 되는 것으로서 사람이 하나님의 법을 범함으로서 더럽혀지고, 불명예거리가 되며 비난거리가 되게 하는 것이다. 죄는 범죄행위이며 빚을 지는 것이다. 우리는 피조물로서 우리를 창조하시고 통치하는 분에게 순종해야 할 의무가 있다. 그런데 우리는 불순종으로 말미암아 벌이라는 빚을 지게 된 것이다. 우리가 하나님께 거룩한 용서를 구해야 하는 이유는 바로 그 때문이다.

죄의 결과로 우리는 우리의 능력으로는 도저히 갚을 수 없는 엄청난 빚을 하나님께 지게 되었다. 그것은 마치 어떤 악한 종이 빚진 것 같은 그런 빚이다(마 18장). 하나님 앞에 나아오기를 원하는 자라면 누구나 자기의 죄가 얼마나 심각한 것인지 또 얼마나 큰 빚인지를 알아야 한다.

: : 용서가 해결해 준다

사람에게 가장 심각한 문제가 죄이기 때문에 가장 필요한 것은 용서이다. 그리고 하나님은 우리에게 용서를 베풀어 준다. 비록 우리는 그리스도 안에 있는 구원으로 말미암아 죄에 대한 영원한 벌을 용서받기는 했지만 살아가면서 계속 짓는 죄에 대해서는 하나님 앞에 나가 수시로 용서를 체험해야 한다. 이 두 가지 사이의 차이는 재판정에서의 용서와 부모의 용서라는 두 가지 종류의 용서를 살펴봄으로서 더욱 명확하게 이해할 수 있을 것이다.

재판정에서의 용서

믿는 자들은 그리스도를 구주로 영접하는 순간 재판장 되신 하나님의 용서를 받게 된다. 그 용서는 우리가 아들 안에서 의롭게 되었다고 선포해 주시는 하나님의 칭의를 통해 포괄적으로 이루어진다. 그 결과 우리는 더 이상 심판아래 있거나, 정죄 받아 죽게 되거나, 지옥으로 갈 운명에 처하지 않게 되었다. 바울은 "그러므로 이제 그리스도 예수 안에 있는 자에게는 결코 정죄함이 없나니"(롬 8:1)라고 말했다. 영원한 심판장이 우리를 용서하고, 의롭다고 선언했다. 그러므로 인간이나 사탄이나 아무라도 우리를 정죄할 수 없으며 고소할 수 없다(롬 8:33~34).

이 엄청난 용서는 도저히 믿기 어려운 것이다. 하나님은 "내가 그들의 악행을 사하고 다시는 그 죄를 기억하지 아니하리라"(렘 31:34)고 하셨다. 다윗은 "동이 서에서 먼 것 같이 우리의 죄과를 우리에게서 멀리 옮기셨으며"(시 103:12)라고 했고, 이사야는 "여호와께서는 우리 모두의 죄악을 그(그리스도)에게 담당시키셨도다"(사 53:6, 참고: 벧전 2:24)라고 말했다.

하나님은 우리에게 죄가 있는 이상 다시 말하면 우리의 죄가 다른 이에게로 옮겨지지 않는 이상 우리의 죄 문제를 그냥 간과할 수 없었다. 그것 때문에 그리스도께서 죽으신 것이다. 하나님은 그리스도께서 십자가에서 단번에 드리신 희생을 받으시고 우리의 죄를 용서하셨다. 십자가에서 예수님은 우리가 받아야 할 형벌을 대신 받으시고, 우리의 죄를 대신 지고, 우리의 죄의 값을 치르신 것이다. 그리스도를 믿는 순간 우리의 죄는 그리스도께로 옮겨지며 그리스도의 의가 우리에게 임하게 된다. 그리고 하나님은 우리를 의롭다 칭해 주신다(롬 3:34~26, 고후 5:21). 의의 심판장의 용서로 말미암아 우리의 과거, 현재, 미래의 모든 죄는 완전하게 용서를 받게 된다. (이 주제에 대해 더 알기를 원한다면 나의 책 「믿음이 하는 일」(faith Works)을 참고로 하라)

부모의 용서

불행히도 우리는 아직 완전하지 않기 때문에 여전히 이런저런 죄를 짓게 된다. 바울은 빌립보서 3장에서 자기가 율법이 아닌 그리스도를 믿음으로 하나님의 의를 덧입게 되었지만, 아직도 하나님의 거룩하심의 수준에 실제적으로 이르지 못하고 있다는 것을 기록함으로서 이 두 가지에 대한 차이를 분명하게 드러내 보여주고 있다(7~14절). 따라서 우리에게는 끊임없는 용서가 필요하다. 그리고 이 용서는 하나님 아버지가 은혜로 베풀어주는 것이다. 사도 요한은 "만일 우리가 죄가 없다고 말하면 스스로 속이고 또 진리가 우리 속에 있지 아니할 것이요 만일 우리가 우리 죄를 자백하면 그는 미쁘시고 의로우사 우리 죄를 사하시며 우리를 모든 불의에서 깨끗하게 하실 것이요"(요일 1:8~9)라고 말하고 있다.

비록 하나님이 우리의 죄를 용서해 주셨지만 크리스천의 삶에 죄는 엄연히 실재하고 있다. 크리스천들의 삶에서 죄는 점점 줄어들되 죄에 대한 민감성은 점점 더 커져야 한다. 현재 그리고 미래의 죄가 하나님 앞에서 우리의 구원에 영향을 미치는 것은 아니지만 그래도 그런 죄들은 하나님과의 친밀한 교제와 기쁨에 영향을 미친다.

예를 들면, 만약 우리의 자녀들 중에 누가 우리에게 불순종함으로 말미암아 죄를 짓는다하더라도 그 죄가 부모 자식 간의 관계를 파괴하지 않는 한 우리는 여전히 엄마, 아빠로서 그 아이의 죄를 즉각 용서할 마음이 언제든지 있다. 그러나 그 아이가 부모에게 와서 불순종을 고백하지 않는 이상 친밀함은 회복되지 않을 것이다.

최후의 만찬을 하는 동안 예수님은 하인들에게서나 볼 수 있는 섬김과 겸손을 보여주기 위해 제자들의 발을 씻기기 시작했다. 베드로가 발을 내밀기를 거부하자 예수님은 "내가 너를 씻어 주지 아니하면 네가 나와 상관이 없느니라"고 하셨다. 예수님의 말을 듣고 베드로는 조금 전과는 완전히 반대로 손과 머리도 씻겨달라고 했다. 그때 예수님은 "이미 목욕한 자는 발밖에 씻을 필요가 없느니라 온 몸이 깨끗하니라 너희가 깨끗하나 다는 아니니라"(요 13:5~10)고 말했다.

예수님이 발을 씻어주시는 행위는 단순히 겸손의 본을 보이는 것 이상의 의미가 있었다. 그것은 거듭난 사람들을 계속 깨끗하게 하시는 과정에서 하나님이 베푸시는 용서를 보여주는 그림이기도 하다. 발의 더러움은 우리가 살아가면서 매일 경험하는 죄의 더러움을 상징한다. 그러나 죄는 우리를 온전히 그리고 완전히 더럽게 하지 못한다. 그 이유는 우리가 영원히 깨끗함을 받았기 때문이다. 하나님이 일단 의롭다고 선포해 주셨기 때문에 우리는 다시 거듭거듭 목욕할 필요가 없다. 그러나 우리가 매일의 삶 속에서 하나님의 완전하신 거룩함에 이르지 못하기 때문에 매일 실제적으로 깨끗함을 받는 것이 필요하다.

하나님은 재판장으로서 죄인들을 용서해 주기를 간절히 바란다. 그리고 또한 아버지로서 자녀들을 용서해 주기를 더더욱 바란다. 그리스도가 오시기 수백 년 전에 느헤미야는 "주께서는 용서하시는 하나님이시라 은혜로우시며 긍휼히 여기시며 더디 노하시며 인자가 풍부하시므로"(느 9:7)라고 말했다. 인간의 죄가 크고 깊을수록 하나님의 용서도 더 크고 깊다. 죄가 깊은 곳에 하나님의 은혜도 깊은 것이다.

하나님의 이름이 거룩히 여김을 받도록, 그리고 하나님의 나라가 임하도록, 하나님의 뜻이 이루어지도록 기도하고 난 후에, 하나님이 우리의 육적인 매일의 삶에 필요를 채워주시는 분이라는 것을 인정한 후에 우리는 발이 더러워진 것을 기도로서 직시해야 할 필요가 있다. 우리는 살아가면서 짓는 죄들을 고백하지 않는 한 하나님과의 교제에서 누릴 수 있는 기쁨과 친밀함을 누릴 수 없을 것이다. 이와 같이 "우리의 죄를 사하여 주옵시고"라는 간구는 우리가 하나님 앞에 나아가 우리의 죄를 고백하는 것이며 매순간 우리를 깨끗하게 해달라고 하나님께 간구하는 것이다.

도날드 그레이 반하우스(Donald Grey Barnhouse)는 어떤 대학교수와 대화를 하면서 하나님의 무한하신 사랑을 설명하기 위해 이런 이야기를 한 적이 있었다.

어떤 사람이 큰 죄를 지었지만 회심하고 그리스도를 영접했다. 그리고 난 뒤 얼마 지나지 않아 훌륭한 크리스천인 여자를 만나 결혼했다. 어느 날 그는 아내에게 자신이 과거에 어떤 사람이었는지를 털어 놓았다. 아내는 그의 얼굴을 손으로 잡고 키스를 하면서 말했다. "존, 나는 당신이 분명한 한 가지 사실을 알았으면 해요. 나는 성경을 잘 알고 있어요. 그러니까 나는 인간의 마음에 죄가 얼마나 교묘하게 활동하고 있는지 알고 있어요. 그리고 나는 당신이 완전히 회심했다는 것도 알고 있어요. 그렇지만 당신에게는 아직도 과거의 본성이 남아 있기 때문에 하나님의 방법에 온전히 따르지 못할 것이라는 것도 알고 있어요. 마귀는 당신이 크리스천으로 살아가는 것을 방해하려고 물불을 가리지 않고 있죠. 마귀는 당신 앞에 온갖 종류의 유혹들을 두려고 할 거예요. 당신이 유혹에 빠지고 죄에 넘어지는 그런 날이 올지도 모르죠. (오, 하나님 제발 그런 일이 일어나지 않게 해주세요) 그러면 마귀는 당신에게 크리스천으로 살려고 노력해 보아야 헛수고라고 말할 거예요. 당신은 죄의 길로 계속 행하게 될 것이며, 나에게는 그 사실을 숨기겠지요. 내가 상처받지 않게 하려고요. 그러나 존, 나는 당신이 지금 내 팔에 안겨 있다는 것을 알았으면 해요. 내가 당신과 결혼할 때 나는 그리스도 안에서 새롭게 변화된 당신뿐만 아니라 과거의 당신과도 결혼을 한 것이랍니다. 혹시 악한 세력이 당신에게 틈타더라도 이미 당신에게 완전한 용서가 베풀어졌다는 것을 기억하기를 바라요."

반하우스 박사는 이 이야기를 끝낸 후 경외심으로 가득한 표정을 지으며 그 대학교수에게 말했다. "나의 하나님, 사람을 바른 길로 인도할 수 있는 것이 있다면 그것은 분명 용서의 사랑일 것입니다."

: : 죄의 고백은 영혼에 유익하다

용서를 구한다는 것에는 고백한다는 의미도 포함된다. 그리스도께 발을 내밀지 않는 것은 예수님의 씻어주심을 받지 못한다는 것이다. 고백하지 않은 죄는 용서받을 수 없다. "만일 우리가 우리 죄를 자백하면 그는 미쁘시고 의로우사 우리 죄를 사하시며 우리를 모든 불의에서 깨끗하게 하실 것이요"(요일 1:9) 죄를 고백한다는 것은 우리가 사악하고, 부패하고, 더럽혀졌다는 것에 근본적으로 동의하는 것이다.

죄를 고백한다는 것은 어려운 일이다. 특히 어린아이가 어떤 잘못을 저질렀을 때 아이 스스로 그것을 인정한다는 것은 아주 힘든 일이다. 나는 어렸을 때 친구와 인디아나 타운에 있는 어떤 학교의 시설물을 부순 적이 있었다. 그때 아버지는 그 학교에서 부흥회를 열고 있었다. 몇몇 사람들이 누가 그런 짓을 저질렀는지를 알아내기 위해 집집마다 찾아다니며 이런저런 것들을 물어보았다. 그들이 우리 가족이 머물고 있는 곳으로 찾아왔을 때 아버지와 그 집의 주인(다른 소년의 아버지)이 문을 열어주러 나갔다. 어떤 사람이 시설물 파괴에 대해 혹시 아는 것이 있는지 아버지와 그 아저씨에게 물어보았다. 그때 나는 아버지의 손을 꽉 잡고 일부러 천사 같은 표정을 지으면서 부흥사였던 아버지만큼이나 영적인 사람인 것처럼 보이려고 애썼다. 나의 아버지와 그 아이의 아버지는 우리가 아주 착한 아이들이며 절대로 그런 행동을 할 아이들이 아니라고 그들에게 말해 주었다. 그리고 난 뒤 10년 후에야 나는 아버지에게 내가 그런 짓을 했다고 말할 수 있었다.

사탄과 우리의 교만한 본성은 잘못한 것을 인정하지 못하도록 우리를 방해한다. 그러나 고백은 자유롭고 즐거운 인생을 살 수 있는 유일한 길이다. 잠언 28장 13절에서는 "자기의 죄를 숨기는 자는 형통하지 못하나 죄를 자복하고 버리는 자는 불쌍히 여김을 받으리라"고 말씀하고 있다. 존 스토트는 "도덕적으로 마음이 굳어지는 이 과정을 방지해 주는 가장 확실한 방법은 우리의 생각, 말, 행동의 죄들을 드러내는 연습을 훈련하고 회개함으로서 그런 것들을 버리는 것이다"라고 하였다.

만약 우리가 우리 죄를 고백하지 않으면 우리의 심령은 점점 굳어질 것이다. 나는 의롭다 함을 받고 영원한 구원을 받은 크리스천들이 마음이 굳어지고, 죄를 회개하지 않으며, 죄에 둔감해지는 경우를 많이 보았다. 그 결과 그들은 하나님과 친밀한 사랑의 교제를 누리지 못해 기쁨을 잃게 되었다. 그들의 고백하지 않은 죄가 바리케이드가 되어 기쁨과 교제를 가로막고 있는 것이다.

참된 크리스천은 용서에 대한 하나님의 약속을 함부로 죄를 지어도 된다는 허가를 받은 것으로 여기지 않는다. 그런 태도는 하나님의 은혜와 사랑을 함부로 하는 것이다. 하지만 참된 크리스천은 하나님의 은혜와 용서를 영적인 성장과 성화를 이룰 수 있는 수단으로 여기고, 참된 크리스천은 하나님의 위대한 사랑과 용서에 항상 감사한다.

그 외에도 죄 고백은 하나님이 불순종하는 크리스천을 징계할 때 그 징계 받는 자가 오히려 하나님께 영광을 돌리게 해주기 때문에 중요하다. 하나님의 징계에 대한 그러한 긍정적인 반응은 그가 징계를 받을 때 불평하지 않고 징계를 순순히 받아드려야 할 가능성을 높여준다. 그 이유는 죄 고백은 그가 스스로 하나님의 징계를 받을 만한 짓을 했다는 것을 인정하는 것이기 때문이다.

: : 다른 사람들을 용서하는 것은 신앙에 대한 궁극적인 테스트

예수님은 "우리가 우리에게 죄 지은 자를 사하여 준 것 같이" (마 6:12)라는 말을 통해 우리가 다른 사람들을 반드시 용서해야 한다는 것을 말해 주고 있다. 그 원리는 단순하면서도 진지하다. 그것은 만약 우리가 용서를 하면 우리도 용서를 받을 것이며, 우리가 용서하지 않으면 우리도 용서받지 못한다는 것을 의미한다.

다른 사람들을 용서해야 할 이유

우리는 몇 가지 이유로 인해 서로를 용서해야 한다.

성도들의 성품

우리는 하나님의 나라의 시민들로서 긍휼이 여김을 받는 복을 받았다. 그 이유는 우리가 긍휼이 여겼기 때문이다(마 5:7). 우리는 원수까지도 사랑해야 한다. 그 이유는 우리 안에 하나님 아버지의 형상이 있기 때문이다. 예수님은 주기도문을 기도의 예로 제시하기에 앞서 무리들에게 "또 네 이웃을 사랑하고 네 원수를 미워하라 하였다는 것을 너희가 들었으나 나는 너희에게 이르노니 너희 원수를 사랑하며 너희를 박해하는 자를 위하여 기도하라 이같이 한즉 하늘에 계신 너희 아버지의 아들이 되리니 이는 하나님이 그 해를 악인과 선인에게 비추시며 비를 의로운 자와 불의한 자에게 내려주심이라"(마 5:43~45)라고 하셨다. 우리를 핍박하는 자를 축복하는 것은 용서와 같은 것이다. 우리는 원수를 사랑함으로서 우리가 하나님의 자녀라는 것을 세상에 분명하게 드러낼 수 있다.

용서는 마음이 정말 완전히 바뀌었다는 것을 보여주는 표시이다. 크리스천이 다른 사람을 용서하지 못하는 것은 자기 자신을 하나님보다 높이는 것이며, 믿음이 올바르지 못한 것이다.

그리스도의 본

사도 바울은 우리에게 "서로 친절하게 하며 불쌍히 여기며 서로 용서하기를 하나님이 그리스도 안에서 너희를 용서하심과 같이 하라"(엡 4:32)고 말하고 있으며, "그의 안에 산다고 하는 자는 그가 행하시는 대로 자기도 행할지니라"(요일 2:6)라고 말하고 있다. 예수님은 용서에 대한 좋은 본을 보여주셨다. 예수님은 손에 못을 박는 자들, 얼굴에 침을 뱉는 자들, 조롱하는 자들, 머리 위에 가시면류관을 씌우는 자들을 위해 "아버지여 저희를 사하여 주옵소서 자기들이 하는 것을 알지 못함이니이다"(눅 23:34)라고 기도하셨다. 예수님은 우리의 역할모델이시다. 누군가 우리를 향해 아무리 심한 욕을 하거나 비방을 해도 예수님이 견뎠던 고난에 비하면 아무것도 아니다. 히브리서 저자는 "너희가 죄와 싸우되 아직 피 흘리기까지는 대항하지 아니하고"(히 12:4)라고 말했다.

최고의 미덕을 보이라.

사람은 용서를 베풀 때 하나님의 형상을 드러낼 수 있으며 하나님의 창조의 영광스러움을 보여줄 수 있다. 잠언 19장 11절에서는 "노하기를 더디 하는 것이 사람의 슬기요 허물을 용서하는 것이 자기의 영광이니라"고 말하고 있다.

죄의식에서 자유해져라.

용서하지 않는 것은 하나님의 용서를 방해하는 것이 될 뿐만 아니라 마음의 평화, 행복, 만족을 빼앗아가며 더 나아가서는 몸의 건강까지 침해하게 된다. 고린도후서 2장 10~11절에 의하면, 용서하지 않는 마음은 사탄에게 속는 것이다.

전체 몸을 유익하게 하라.

성도들 간에 해결되지 않는 갈등이 있을 때 교회의 능력이 떨어지게 된다. 시편 저자는 "내가 나의 마음에 죄악을 품었더라면 주께서 듣지 아니하시리라"(시 66:18)라고 말했다. 분노와 불만을 품고 있는 사람들 사이에서는 성령이 활기차게 역사하실 수 없다(마 5:23~24).

하나님의 징계에서 벗어나라.

용서하지 않는 영이 있는 곳에 죄가 있고, 죄가 있는 곳에 징계가 있다. 히브리서 12장 6절은 "주께서 그 사랑하시는 자를 징계하시고 그가 받아들이시는 아들마다 채찍질하심이라 하였으니"라고 말하고 있다. 고린도교회에 회개하지 않는 죄가 있었을 때 성도들이 연약하게 되었고, 병들었으며, 하물며 죽기도 하였다(고전 11:30).

하나님의 용서가 효력을 발휘하게 하라.

아마도 우리가 다른 사람들을 용서해야 하는 가장 큰 이유는 그것을 통해 하나님의 용서가 실제로 효력을 발휘하게 되기 때문이 아닐까 생각한다. 그것이 그만큼 중요하기 때문에 예수님은 주기도문의 마지막에 그것을 언급함으로서 강조하고 있다(마 6:14~15). 크리스천의 삶에서 용서보다 더 중요한 것은 없다(다른 사람들을 용서하는 것과 하나님이 우리를 용서하는 것). 우리가 다른 사람을 대하는 그대로 하나님도 우리를 대하시기 때문에 우리는 하나님이 아무 값없이 그리고 은혜로 우리를 용서하시는 것처럼 다른 사람들을 용서해야 한다.

용서하는 증거

마태복음 6장 14~15절은 주기도문에 덧붙여진 말로서 12절에 나오는 간구를 주님이 친히 설명하신 것이다. 12절은 유일하게 주님이 추가로 설명을 덧붙인 부분이다. 물론 이 성경구절에 나오는 진리들은 아주 중요하다. "너희가 사람의 잘못을 용서하면 너희 하늘 아버지께서도 너희 잘못을 용서하시려니와 너희가 사람의 잘못을 용서하지 아니하면 너희 아버지께서도 너희 잘못을 용서하지 아니하시리라"

이 원리의 앞부분은 긍정적이다. "너희가 사람의 잘못을 용서하면 너희 하늘 아버지께서도 너희 잘못을 용서하시려니와" 크리스천들은 재판장 되신 하나님으로부터 용서를 선언 받은 자들로서 다른 사람들을 마땅히 용서해야 한다. 우리의 마음이 용서의 영으로 가득할 때 "우리 하늘 아버지께서도 우리의 잘못을 용서하신다." 크리스천들이 마음으로 그리고 말로 다른 사람들을 용서하지 않는 한 하나님이 베풀어주시는 부모의 용서를 알 수도 누릴 수도 없다. 하나님이 베푸시는 부모의 용서는 주님께로부터 오는 풍성한 축복들을 누리게 해주며 또 하나님과 풍성한 교제를 할 수 있게 해준다.

"용서하다"(apheiemi)라고 번역된 동사형의 문자적인 의미는 "멀리 던져버린다"는 뜻이다. 바울은 "내가 긍휼을 입은 까닭은 예수 그리스도께서 내게 먼저 일체 오래 참으심을 보이사"(딤전 1:16, 참조: 마 7:11)라고 기록함으로서 그 깨달음을 고백하고 있다. 용서하지 않는 마음은 하나님께 온전한 용서를 받은 사람이 마땅히 해야 할 적절한 처신이 아닐 뿐만 아니라 하나님의 자비보다 하나님의 징계에 가까운 것이다.

예수님은 큰 빚을 탕감 받은 어떤 남자에 대한 이야기를 통해 긍휼함이 없이 다른 사람을 대하는 것이 어떤 것인지를 보여주고 있다. "그러므로 천국은 그 종들과 결산하려 하던 어떤 임금과 같으니 결산할 때에 만 달란트 빚진 자 하나를 데려오매"(마 18:23~24) 한 달란트는 육천 데나리온에 해당되는 돈이었다. 그리고 당시 노동자가 일당으로 받는 삯이 한 데나리온이었다. 따라서 이 종은 일천 주 동안 주 6일간을 일해야 한 달란트를 벌

수 있었다(이것은 19년이 약간 넘는 기간이다).

그러므로 우리는 "갚을 것이 없는지라 주인이 명하여 그 몸과 아내와 자식들과 모든 소유를 다 팔아 갚게 하라 하니 그 종이 엎드려 절하며 이르되 내게 참으소서 다 갚으리이다 하거늘"(마 18:25~26)이라는 말이 어떤 상황을 말하는 것인지 쉽게 상상할 수가 있다. 그의 빚은 상상을 초월한 엄청난 것이었으며 그로서는 도저히 갚을 수 없는 것이었다. 그러나 "그 종의 주인은 그를 불쌍히 여겨 놓아 보내며 그 빚을 탕감하여 주었다"(마 18:27). 이 이야기가 상징하는 것은 인간은 도저히 갚을 수 없는 엄청난 죄의 빚을 탕감 받았으며 임금으로부터 구원이라는 긍휼을 덧입었다는 것이다. 그러나 그는 그 놀라운 은혜의 선물을 제대로 감당하지 못했다.

"그 종이 나가서 자기에게 백 데나리온 빚진 동료 한 사람을 만나 붙들어 목을 잡고 이르되 빚을 갚으라 하매 그 동료가 엎드려 간구하여 이르되 나에게 참아 주소서 갚으리이다 하되 허락하지 아니하고 이에 가서 그가 빚을 갚도록 옥에 가두거늘"(마 18:28~30)

백 데나리온이라는 빚도 적은 돈은 아니었지만(노동자의 석 달치 삯) 그래도 노력하면 갚을 수 있는 금액이었으며 만 달란트에 비하면 아무것도 아니었다. 예수님은 그 종에게 어떤 일이 일어났는지를 설명하고 있다.

"그 동료들이 그것을 보고 몹시 딱하게 여겨 주인에게 가서 그 일을 다 알리니 이에 주인이 그를 불러다가 말하되 악한 종아 네가 빌기에 내가 네 빚을 전부 탕감하여 주었거늘 내가 너를 불쌍히 여김과 같이 너도 네 동료를 불쌍히 여김이 마땅하지 아니하냐 하고 주인이 노하여 그 빚을 다 갚도록 그를 옥졸들에게 넘기니라 너희가 각각 마음으로부터 형제를 용서하지 아니하면 나의 하늘 아버지께서도 너희에게 이와 같이 하시리라"(마 18:31~35)

이것은 하나님의 용서는 받고 싶어 하면서도 다른 사람들을 용서하고 싶어 하지 않는 사람들의 모습을 잘 보여주고 있다. 나는 우리가 하나님이 우리에게 베푸신 엄청난 긍휼을 잊지 않기를 바라며 또 다른 사람들에 대해 원한을 품지 않기를 바란다.

마태복음 6장 15절은 이 비유가 믿는 자들을 위한 것임을 보여주고 있다. "너희가 사람의 잘못을 용서하면 너희 하늘 아버지께서도 너희 잘못을 용서하시려니와" 용서하지 않고 원한을 품는 것은(히 12:15) 축복을 뺏기게 만들며 징계를 불러들인다.

모든 믿는 자들은 요셉(창 50:19~21)과 스데반(행 7:60)의 용서의 정신을 실천하려고 노력해야 한다. 거룩하신 하나님의 용서를 받고 난 뒤 다른 사람들을 용서하기를 거절하는 것은 하나님의 긍휼을 함부로 하는 행위이다. "긍휼을 행하지 아니하는 자에게는 긍휼 없는 심판이 있으리라 긍휼은 심판을 이기고 자랑하느니라"(약 2:13)

우리는 무엇을 배웠는가? 우리에게는 우리를 끈질기게 따라 다니는 문제가 있다. 그것은 죄이다. 그것은 하나님과의 교제를 방해하며 또 하나님께 쓰임 받는 것을 방해한다. 우리가 죄를 극복하도록 하나님이 우리에게 베풀어 주시는 것은 끊임없는 용서이다. 하나님의 용서를 받기 위해 우리가 반드시 해야 할 것은 다른 사람들을 용서하는 것이다. 용서하지 않는 크리스천은 죄를 용서받았다는 사실을 잊어버린 교만하고 이기적인 자들이다. 죄를 고백하는 것을 배우라. 그리고 죄를 고백하기 전에 먼저 용서하는 것을 배우라. 그러고 나면 우리는 조용한 곳에서 확신 있게 하나님의 얼굴을 구할 수 있으며 매일 우리를 용서해달라고 기도할 수 있다.

chapter 9

"악에서 구하옵소서"
"Deliver Us from Evil"

우리는 타락한 세상에서 살고 있다. 이 세상은 죄와 죄의 결과를 통해 우리를 끊임없이 공격한다. 우리는 먼저 자연계에서 그 증거를 볼 수 있다. 화산, 지진, 화재, 홍수, 전염병, 사고 등의 자연재해가 자주 뉴스로 등장하며 인류의 생존을 위협하고 있다.

기독교 신앙을 가장 심하게 공격하는 것은 지성 세계이다. 사람은 끊임없이 진리를 구하지만 찾지 못한다. 또 사람의 판단은 편향적이며 공정하지 못하다. 생각이 상대적으로 잘 기우는 인간의 특성은 인간을 돌이킬 수 없는 파괴로 이끈다. 사람은 셀프 바이어스로 움직인다. 논리는 교만에 지배되며, 지성은 욕망에 지배되며, 물질적인 소득은 사람들을 거짓말쟁이로 만든다. 인간의 선택은 끊임없이 서로 충돌하는 과정을 겪는다. 인간은 하나님과 진리를 대적하는 이데올로기의 요새를 만들었다.

　비탄과 두려움은 인간의 감정의 세계의 특징이 되었다. 절제되지 않는 파괴적인 태도들은 인간의 영을 황폐화시켰으며, 서로 간의 갈등으로 말미암아 인간의 영혼은 상처를 입는다. 시기심이 인간을 찌르며, 미움이 원한을 품게 하고, 탐욕이 인간을 삼키고 있다. 인간의 애정은 비뚤어졌으며, 인간의 사랑은 욕되게 짓밟혔으며, 인간의 확신은 무너졌다. 부유한 사람들은 가난한 사람들을 짓밟고, 가난한 사람들은 부유한 사람들이 망하기를 바란다. 감옥, 병원, 정신병원은 인간의 도덕적 감정적 극한의 표시이다.

　그러나 분명 이 모든 것들 중에서도 인간 세계에서 가장 암울하고 어두운 부분은 영적인 삶일 것이다. 인간은 하나님과 조화를 이루지 못하고 하나님과의 관계에서 멀리 빗나가 버렸다. 사방 어디를 돌아보아도 인간의 도덕성이 제대로 작동하지 않고 있다는 것이 분명하게 드러난다. 인간은 하나님의 거룩한 계획과는 무관하게 행동한다. 부패하고 타락한 조상으로부터 내려오는 악한 본성이 인간을 지배하고 있다.

　아무리 신실한 크리스천들이라 할지라도 이러한 세상의 현실로부터 도망칠 수 있는 길은 없다. 우리는 사방 어디를 가든지 타락한 세상의 문화에 직면할 수밖에 없으며 그런 문화에는 강한 침투력이 있다. 거기에 더하여 사탄은 우리의 믿음을 끊임없이 공격한다. 그러므로 우리는 이 모든 것을 깨닫고 "우리를 시험에 들게 하지 마옵시고 다만 악에서 구하옵소서"(마 6:13)라고 기도해야 한다.

: : 유혹인가, 아니면 시험인가?

이 여섯 번째 간구는 하나님의 보호하심에 대해 말하고 있다. 얼핏 볼 때 이 말에 대한 해석은 아주 간단해 보인다. 하나님께 이 시험에서 벗어나게 해달라고 기도하기만 하면 될 것 같다. 그러나 좀 더 면밀하게 살펴보면 이 간구가 그렇게 간단하지만은 않다는 것을 알 수 있다. 이 간구는 그리스성경에 나와 있는 하나의 말을 바탕으로 할 때 핵심적인 해석이 가능하다.

'Peirasmos(시험)'이라는 그리스어는 근본적으로 중립적인 말이다. 영어의 temptation이나 우리나라의 유혹(시험)이라는 말에는 악한 쪽으로 끌린다는 의미가 어느 정도 내포되어 있는 것과는 달리 이 그리스어에는 선 또는 악과 관련된 의미가 내포되어 있다고 볼 수 없다. 사실 이 말의 그리스 어원에는 테스트하는 것 또는 증명(입증)하는 것이라는 의미가 내포되어 있다. 그리고 어떻게 보면 그런 점에서 유혹이라는 말과도 어느 정도는 상관관계가 있다고 볼 수 있다. 그러므로 이 말은 마음이 죄에 끌리는 것을 나타내는 "악"이라는 말과 일맥상통 한다.

해석상의 문제

하나님은 거룩함과 선하심으로 아무도 죄의 유혹에 빠지도록 의도적으로 이끌지 않는다. 그의 자녀들에게는 두 말할 나위도 없다. 야고보는 이것에 대해 "사람이 시험을 받을 때에 내가 하나님께 시험을 받는다 하지 말지니 하나님은 악에게 시험을 받지도 아니하시고 친히 아무도 시험하지 아니하시느니라"(약 1:13)고 분명하게 말하고 있다.

그러나 야고보는 그 말을 하기에 앞서 다음과 같은 말을 했다. "내 형제들아 너희가 여러 가지 시험을 당하거든 온전히 기쁘게 여기라 이는 너희 믿음의 시련이 인내를 만들어 내는 줄 너희가 앎이라"(2~3절) 이런 모든 전후 상황들을 볼 때 우리는 마태복음 6장 13절에 나오는 peirasmos를 과연 "시험"으로 해석해야 맞는지와 관련해서 해석상의 문제로 고민하지 않을 수 없다. 야고보가 말한 바와 같이 하나님은 아무도 시험하지 않는다. 왜 우리가 굳이 그것을 기도로 간구할 필요가 있는가? 그러나 야보고는 시험이 다가올 때 그것을 피하려고 하지 말고 기뻐하라고 말하고 있다. 그런 점에서 볼 때 우리가 "우리를 시험에 들게 하지 마옵시고"라고 기도해야 하는 것이 맞지 않겠는가?

역설적인 해결방법

나는 이 문제에 대해 초대교회 아버지인 크리소스톰 (Chrysostom)과 의견을 같이한다. 다시 말하면, 예수님이 시험의 위험에 대해 논리적으로나 이론적으로 접근하지 않고 인간적인 연약함을 자연스럽게 드러내는 방식으로 접근했던 것처럼 그렇게 하는 것이 시험에 가장 지혜롭게 대처하는 것이라고 주장하고 싶다. 우리 모두는 죄가 만들어내는 위험이나 어려움을 피하고 싶어 한다. 이처럼 이 간구는 시험과 맞부딪히기보다 피하고 싶어 하는, 죄를 두려워하고 멸시하기 때문에 죄에 빠질 모든 가능성으로부터 도망치고 싶어 하는 거듭난 영혼의 호소이다.

성경의 또 다른 역설이 있다. 우리는 시험이 우리를 영적으로, 도덕적으로, 감정적으로 성장하게 해주는 수단이라고 알고 있다. 크리스천의 성품은 시험을 받음으로서 더욱 연단된다. 그러나 그러면서도 우리는 시험이 죄로 발전될 가능성이 있는 곳에는 가고 싶어 하지 않는다. 따라서 우리는 시험을 거부하면서도 시험이 우리를 영적으로 연단해줄 수 있다는 것을 또한 인정한다.

하물며 예수님도 겟세마네 동산에서 "나의 원대로 마시옵고 아버지의 원대로 하옵소서"라고 말하기에 앞서 "내 아버지여 만일 할 만하시거든 이 잔을 내게서 지나가게 하옵소서"(마 26:39)라고 말했다. 예수님은 모든 인류의 죄를 그 몸에 담당하실 것을 생각할 때 공포감이 밀려왔지만 죄인들을 구원하려는 하나님 아버지의 뜻을 이루기 위해 기꺼이 그것을 견디려고 마음먹었다.

시험의 때에 가장 적절한 반응은 그리스도께서 했던 것 같은 그런 반응이다. 그러나 우리에게 있어서 가장 큰 문제는 시험에 걸려 넘어지지 않을 자신이 없다는 것이다. 우리가 죄의 힘, 우리의 연약함, 죄에 잘 기울어지는 우리의 성향을 정직하게 고려해 볼 때 우리는 시험과 유혹의 위험 앞에 몸서리칠 수밖에 없다. 그것이 바로 야고보가 "오직 각 사람이 시험을 받는 것은 자기 욕심에 끌려 미혹됨이니 욕심이 잉태한즉 죄를 낳고 죄가 장성한즉 사망을 낳느니라"(약 1:14~15)는 말에서 하려고 했던 말이다.

이처럼 이 간구는 우리에게 없기 때문에 그것을 주시도록 하나님께 구하는 것이다. 그것은 우리의 눈과 귀와 입과 발과 손을 지켜달라는 간구이다. 그렇게 함으로서 우리가 무엇을 보든지, 무엇을 듣던지, 무엇을 말하던지, 어디를 가든지, 무엇을 하던지 하나님이 죄로부터 우리를 보호해 주시도록 하는 것이다. 우리는 시험을 만날 때 "온갖 좋은 은사와 온전한 선물이 다 위로부터 빛들의 아버지께로부터 내려오나니 그는 변함도 없으시고 회전하는 그림자도 없으시니라"(약 1:17)는 말을 기억해야 할 것이다.

: : 통과할 것인가, 아니면 실패할 것인가?

우리는 시험을 당할 때 시험에서 통과하던가, 아니면 실패할 것이다. 이와 같이 하나님이 허락하시는 모든 시험들은 유혹으로 바뀔 수 있다. 요셉의 형제들이 요셉을 이집트에 종으로 팔아넘긴 후 많은 세월이 흐르고 난 뒤 요셉은 자기의 형제들에게 "당신들은 나를 해하려 하였으나 하나님은 그것을 선으로 바꾸사 오늘과 같이 많은 백성의 생명을 구원하게 하시려 하셨나니"(창 50:20)라고 말했다. 우리가 경험하는 모든 어려움들과 시험은 하나님이 우리를 테스트 해 보기 위해, 영적인 근육을 쓰도록 하기 위해, 성장하도록 하기 위해 허락하시는 것이다(벧전 5:10). 그러나 만약 우리가 그런 시험을 받을 때 모든 상황을 하나님께 의탁하지 않고, 하나님의 도우심 안에 굳게 서지 않으면 사탄이 오히려 그것을 기회로 삼아 우리 앞에 유혹과 걸림돌을 놓을 것이다. 사탄은 우리를 정욕에 사로잡히게 할 것이며 죄에 넘어지게 할 것이다.

시험을 다루기

우리는 시험을 당할 때 요셉과 달리 하나님을 온전히 의뢰하지 못하고 순종하지 못할 수가 있다. 따라서 주기도문의 이 부분에 함축된 의미는 마치 이런 것과 같다. "주님, 우리가 이겨내기 힘든 그런 시험은 아예 주지 마시기를 기도합니다. 오히려 우리에게 악이 될 수 있는 시험을 만나지 않게 해주시옵소서. 우리가 감당할 수 없는 시험들을 우리에게 허락하지 마시기를 기도합니다." 이것은 "사람이 감당할 시험 밖에는 너희가 당한 것이 없나니 오직 하나님은 미쁘사 너희가 감당하지 못할 시험 당함을 허락하지 아니하시고 시험 당할 즈음에 또한 피할 길을 내사 너희로 능히 감당하게 하시느니라"(고전 10:13)는 약속을 주장하는 것이다.

하나님은 친히 우리를 시험하지는 않지만 시험이 될 만한 것들을 우리의 삶에 허락하신다. 만약 우리가 어떤 잡지, 책, 영화, 텔레비전 프로그램들을 볼 때 그것은 우리의 영성을 시험하는 테스트가 될 수 있다. 반면 만약 우리가 시험에 통과하지 못하고 실패한다면 그것은 우리에게 정욕을 불러일으키며 우리를 죄에 빠지게 만드는 유혹으로 변할 것이다.

만약 우리가 직장을 잃게 된다면 그것은 시험이 될 수가 있다. 그 문제를 어떻게 다룰 것인가? 만약 그것을 기쁘게 받아들이고 상황을 주님께 맡긴다면 시험에 통과할 것이다. 그러나 사탄은 우리를 불평하도록 유혹하고 또 직장 상사에 대해 나쁜 평판을 퍼트리라고 유혹할 것이다.

마태복음 4장 1절에 보면 예수님은 "성령에게 이끌리어 마귀에게 시험을 받으러 광야로 갔다." 하나님께 있어서 그것은 예수님에게 그리스도로서의 자질이 있는지를 검증해보기 위한 테스트였다. 그러나 사탄에게 있어서 그것은 그리스도로서의 자질을 파괴시키기 위한 유혹이었다. 욥은 "그가 나를 단련하신 후에는 내가 순금 같이 되어 나오리라"(욥 23:10)고 말했다. 욥은 그에게

닥친 시험을 올바른 관점으로 보고 접근했다. 베드로는 "그러므로 너희가 이제 여러 가지 시험으로 말미암아 잠깐 근심하게 되지 않을 수 없으나 오히려 크게 기뻐하는도다 너희 믿음의 확실함은 불로 연단하여도 없어질 금보다 더 귀하여 예수 그리스도께서 나타나실 때에 칭찬과 영광과 존귀를 얻게 할 것이니라"(벧전 1:6~7)라고 말했다.

주님은 우리가 감당할 수 없는 시험은 주지 않는다(고전 10:13). 주님은 시험을 사용해서 우리의 믿음을 더욱 강하게 연단 할 뿐만 아니라 또 동일한 시험을 거치는 자들을 권면하도록 한다. 주님은 또한 시험을 통해 우리가 하나님의 말씀을 붙들고 기도하도록 인도한다.

마태복음 6장 13절에 나오는 간구는 안락과 자만심에 빠지지 않도록 우리를 지켜주는 안전망이다. 우리는 주님과 함께 하늘나라에 거하게 되기 전까지는 절대로 영적으로 완전해질 수 없으며 또 죄의 위험으로부터 완전히 자유로울 수 없다. 주님이 대제사장적인 기도에서 언급했던 대로 우리는 다만 악에 빠지지 않게 되기를 바라는 것이다(요 17:15).

유혹을 다루기

"우리를 시험에 들게 하지 마옵시고 다만 악에서 구하옵소서"라고 진지하게 기도할 때 그것은 또한 하나님의 말씀에 대한 순종을 선언하는 것이다. 야고보서 4장 7절은 우리에게 단순하고 명쾌한 명령을 주고 있다. "너희는 하나님께 복종할지어다 마귀를 대적하라 그리하면 너희를 피하리라" 하나님께 복종하는 것은 하나님의 말씀에 순종하는 것이다. "내가 주께 범죄하지 아니하려 하여 주의 말씀을 내 마음에 두었나이다"(시 119:11) 그러므로 믿는 자들은 밀려오는 죄의 유혹으로부터 보호해달라는 기도를 하며, 또 죄에 빠졌을 경우 죄에서 구해달라는 기도를 해야 한다.

악으로부터 끊임없이 공격을 받는 저주 받은 세상에서 우리의 연약함으로 말미암아 죄를 다루는 것이 우리에게는 역부족이다. 따라서 우리는 내면의 연약함을 고백하며, 육신의 연약함을 고백하며, 죄와 맞서 싸울 능력의 절대적인 부족함을 고백하며, 죄의 강력한 세력으로부터 지켜주기를 구해야 한다. 무엇보다도 우리는 사랑이 많으신 하나님 아버지의 보호와 구원이 우리에게 필요하다는 것을 고백해야 한다.

마태복음 6장 13절의 간구를 하나님은 과연 들을 것인가? 고린도전서 10장 13절에 의하면, 하나님은 들으실 것이다. 하나님은 절대로 우리가 감당할 수 없는 시험을 허락하지 않으신다. 그것은 마태복음 6장 13절에 나오는 "악에서 구하옵소서"라는 말에서도 볼 수 있다. 하나님은 우리가 감당할 수 없는 시험을 허락하지 않으신다. 그것은 하나님의 약속이다. 그러므로 만약 그런 상황에 처하게 된다면 우리는 그 약속을 주장하며 기도할 수 있다. 당신은 그런 상황에 처해 있는가? 그렇다면 주님을 의지하고 마귀를 끝까지 대적하라.

주기도문에서 우리는 무엇을 배웠는가? 우리에게 필요한 것이 이미 전부 우리에게 주어져 있다는 것이다. 첫째 우리는 하나님을 하나님으로 대접해야 한다. 그리고 난 뒤 우리의 필요를 하나님 앞에 들고 나갈 수 있다. 그러면 하나님은 그의 무한하신 공급하심으로 우리의 필요를 채워주실 것이다. 어떤 무명작가는 주기도문의 놀라움을 아래와 같이 요약하고 있다.

만약 내가 독방에서 혼자만을 위한 영적인 삶을 산다면 나는 "우리"라고 말할 수 없다.

만약 내가 매일 하나님의 자녀답게 살려고 노력하지 않는다면 나는 "아버지"라고 말할 수 없다.

만약 내가 거룩함에 목말라하지 않는다면 "이름이 거룩히 여김을 받으시오며"라고 말할 수 없다.

만약 내가 그날이 속히 임하도록 모든 노력을 쏟지 않는다면 나는 "나라가 임하시오며"라고 말할 수 없다.

만약 내가 하나님의 말씀에 순종하지 않는다면 "뜻이 … 이루어지이다"라고 말할 수 없다.

만약 내가 지금 현재 하나님을 섬기지 않는다면 "…하늘에서 이루어진 것 같이 땅에서도 이루어지이다"라고 말할 수 없다.

만약 내가 부정직하게 "뒷거래"를 한다면 "우리에게 일용할 양식을 주시옵고"라고 말할 수 없다.

만약 내가 다른 사람에게 원한을 품고 있다면 나는 "우리가 우리에게 죄 지은 자를 사하여 준 것 같이"라고 말할 수 없다.

만약 내가 죄가 틈탈만한 짓을 일부러 하고 있다면 나는 "우리를 시험에 들게 하지 마시옵고"라고 말할 수 없다.

만약 내가 하나님의 주신 것들로 전신무장을 하지 않는다면 나는 "다만 악에서 구하시옵소서"라고 말할 수 없다.

만약 내가 하나님께 합당한 충성을 바치지 않는다면 나는 "나라와 … 아버지께 … 있사옵나이다"라고 말할 수 없다.

만약 내가 사람들을 두려워한다면 "권세와 … 아버지께 … 있사옵나이다"라고 말할 수 없다.

만약 내가 나 자신의 영광만을 구한다면 "영광이 … 아버지께 … 있사옵나이다"라고 말할 수 없다.

만약 나의 인생이 시간과 공간의 한계에 매여 있다면 나는 "영원히"라고 말할 수 없다.

만약 우리가 기도할 때마다 항상 주기도문의 틀을 따른다면 단지 기도생활뿐만 아니라 삶 전체에 가히 놀라운 혁명이 일어날 것이다. 기도는 해야겠는데 무슨 말을 해야 할지 모르는 상황은 더 이상 벌어지지 않을 것이다. 그리고 하나님과 홀로 만나는 시간은 완전히 달라질 것이다.

제3부

행동으로 하는 기도

chapter 10

옳은 것들을 위한 기도
Praying for the Right Things

우리는 기도할 때 일반적으로 무엇을 위해 기도하는가? 만약 오늘날 에반젤리칼교회를 대상으로 주로 어떤 기도들을 가장 많이 하는지에 대한 설문조사를 한다면, 대부분의 기도제목들의 방향이 잘못되어 있으며, 근시안적이고, 이기적이라는 것을 알게 될 것이다. 우리는 일반적으로 건강, 행복, 성공을 위해 기도한다. 우리는 개인적인 안위를 위해 기도한다. 우리는 건강, 집, 직장, 차, 남편, 아내, 자녀, 승진, 돈 등과 같은 육의 모든 문제들이 해결되도록 기도한다. 어떤 점에서는 그런 것들이 중요하기도 하지만 (특히 그런 것들이 절실히 필요한 사람들에게는) 하나님 나라의 우선순위에서 따져보면 저 아래쪽에 속하는 기도제목들이다. 예수님은 우리에게 무엇을 먹을까 무엇을 입을까 염려하지 말라고 했다. 하나님 아버지께서 우리에게 그런 것들이 다 필요한 줄을 이미 알고 있기 때문이다(마 6:25~33). 우리가 우선적으로 기도해야 하는 것은 하나님 나라의 확장이어야 한다.

이 세상은 정말 중요한 것이 무엇인지를 잘 모른다. 사람들은 영원하지 않는 것들에 가치를 두고 그런 것들을 추구하고 있다. 그런 것들을 추구하는 삶은 안톤 체홉(Anton Chekhov)의 단편 고전인 「더 베트」(The Bet)에서 잘 다루어지고 있다.

이 이야기는 사람들 대부분이 가지고 있는 가치관이 어떤 것인지를 살펴볼 수 있게 해준다. 이 단편은 고등교육을 받는 남자 두 사람이 고립상태로 감금되어 살아가는 것에 대해 내기를 하게 되는 사건을 중심으로 이야기가 진행되고 있다. 어떤 부유한 중년의 은행가는 고립상태로 감금되는 것보다 차라리 사형이 낫다고 생각했다. 그 이유는 사형은 한 번에 죽이는 것이지만 고립감금은 조금씩 조금씩 죽이는 것이기 때문이었다. 그 은행가의 파티에 손님으로 온 스물다섯 살의 어떤 젊은 변호사가 있었다. 그는 그 은행가의 말에 동의하지 않았으며, "어떤 상황이건 목숨을 부지하는 것이 잃는 것보다는 더 낳은 것입니다"라고 말했다.

그 은행가는 화가 나서 충동적으로 이백만 루블을 걸고 내기를 했다. 그 내기는 그 청년이 고립상태로 감금된 채 5년을 견딜 수 있는지 없는지에 대한 내기였다. 그 변호사는 자기가 충분히 견딜 수 있을 것이라고 확신하고 5년이 아니라 15년을 혼자 지내겠다고 말했다.

서로 합의가 이루어졌고 그 젊은 청년은 그 은행가의 거대한 토지에 세워진 별도의 건물로 이사를 갔다. 그에게는 어떤 방문객도 신문도 허락되지 않았다. 그는 편지를 쓸 수는 있었지만 아무에게서도 편지를 받을 수 없었다. 밖에는 그가 합의사항을 위반하는지를 감시하고 있었다. 그들은 절대로 그에게 가까이 다가가거나 그가 창문으로라도 그들을 볼 수 있게 해서는 안 되었다. 그는 작은 통로를 통해서 음식을 받았지만 누가 그 음식을 가져다 주는지는 볼 수 없었다. 그 외에 책, 음식, 악기 등 그가 원하는 것들은 요청만 하면 전부 제공되었다.

첫 해 동안은 거의 매일 피아노 소리가 들렸다. 그리고 그는 여러 가지 책들을 요청했고 특히 소설책이나 그 외에 내용이 가벼운 부담 없는 책들을 요청했다. 다음 해가 되자 음악이 끊겼고 오래 전에 쓰인 고전 책들을 여러 권 요청해서 읽었다. 혼자 지낸지 6년째가 되었을 때 그는 여러 가지 언어들을 공부하기 시작하더니 여섯 가지 언어에 능통해졌다. 그는 고립생활을 한지 10년이 지나자 테이블 앞에 아무 미동도 없이 앉아 신약성경을 읽고 있었다. 일 년간 성경에 깊이 몰두한 후에 그는 종교의 역사를 공부하기 시작했고 신학을 연구하기 시작했다.

이 이야기의 후반부에는 그 변호사가 내기에서 이길 수 있는 15년째가 되는 바로 전날 밤에 대한 내용이 나온다. 그 은행가는 이제 퇴직할 때가 가까워오고 있었다. 그가 리스크가 큰 투기를 충동적으로 하는 바람에 그의 비즈니스는 점점 망해가고 있었다.

한 때 자신감에 차있던 이 백만장자는 이제 이류급 은행가가 되어 버렸다.

만약 그가 젊은 변호사와 했던 내기에 져서 그 돈을 지불하게 된다면 그는 망할 수밖에 없는 상황에 놓였다. 그는 자기 자신의 어리석음과 이제 곧 엄청난 부자가 될 겨우 40살밖에 되지 않은 젊은 변호사에 대한 시기심으로 인해 감시하는 자와 짜고 그 청년을 죽이기로 결심했다. 그가 청년의 방으로 몰래 들어갔을 때 그 청년이 테이블 앞에 엎드려 잠들어 있는 것이 보였다. 그리고 그 앞에는 그 청년 변호사가 은행가에게 쓴 편지가 놓여 있었다. 그 편지의 내용은 다음과 같았다.

내일 12시면 나는 자유의 몸이 될 것입니다. … 그러나 이 방을 나서기 전에 나는 당신에게 반드시 해줘야 할 말이 있습니다. 나는 나를 감찰하시는 하나님 앞에 깨끗한 양심으로 자유, 인생, 건강, 그리고 당신이 갖다 준 이 책들이 이 세상의 기쁨이라고 주장하는 모든 것들을 이제 멸시하게 되었다는 것을 당신에게 말하고 싶습니다. … 나는 당신보다 더 현명합니다. … 그리고 나는 당신의 모든 책들을 멸시하며, 이 땅의 축복들과 지혜를 멸시합니다. 모든 것이 신기루처럼 무가치하며, 거짓되며, 허무하며, 속이는 것들입니다. 당신은 자신감에 차있고, 지혜로우며, 아름답습니다. 그러나 죽음은 이 세상에서 당신이라는 존재를 쓸어 없애버릴 것입니다. 당신의 상속자들, 당신의 역사, 당신의 무한한 천재성이 이 땅의 멸망과 함께 불타 없어질 것입니다. 당신은 진리대신 거짓을 또 아름다움대신 추함을 택했습니다. 나는 당신이 가치 있게 여기는 것들을 내가 얼마나 멸시하는지를 당신에게 보여주기 위해 2백만 루블을 포기할 것입니다. 비록 그 돈이 나의 인생을 단 번에 역전시켜 내 앞에 파라다이스를 펼쳐줄 수 있다 하더라도 말입니다. 나는 지금 그것에 코웃음을 칠 뿐입니다. 나는 그 돈을 받을 수 있는 권리를 포기하기 위해 정해진 시간보다 다섯 시간 먼저 이 방을 떠날 것입니다. 그렇게 함으로써 우리의 계약을 일부러 위반할 것입니다.

그 은행가는 거기까지 읽고 난 후 그 편지를 다시 테이블 위에 올려놓고 눈가에 눈물이 맺혀 잠들어 있는 젊은 변호사에게 키스를 한 후 그 집을 조용히 빠져나왔다. "그 젊은 청년은 그 변화로 말미암아 큰 손실을 당했지만 그 후에 한 번도 그 순간의 그 결정을 후회하거나 되돌리고 싶어 하지 않았다." 그의 눈물은 그날 밤 남은 시간 동안에도 그의 영혼이 깨어 있도록 해주었다. 아침 일곱 시가 되자 그는 감시하는 자로부터 그 방에서 나가도 좋다는 말을 들었고, 그리고 난 뒤 그들은 그가 창문을 넘어 대문으로 빠져나가 사라지는 것을 보았다고 기록하고 있다.

어떤 사람들은 인생에서 가치 있는 것이 무엇인지를 어렵게 배우기도하고 또 어떤 사람들은 전혀 배우지 못한다.

우리는 지금까지 많은 분량을 할애해서 기도를 할 때 중요한 것이 무엇인지를 살펴보았다. 마태복음 6장 9~15절에 나오는 주기도문은 우리에게 기도의 틀을 제시해 주었다. 앞으로 남은 부분에서는 기도할 때 비중을 둬야 하는 두 가지 구체적인 영적인 문제들을 살펴볼 것이다. 이러한 문제들은 예수님이 제시해준 기도의 틀을 좀 더 확장시켜주고 또 강조해 줄 것이다. 우리는 이 중요한 문제들을 이해하기 위해 먼저 사도 바울이 그 문제들과 관련해서 말했던 것을 살펴볼 필요가 있다.

바울은 크리스쳔의 삶에서 무엇이 중요한지를 알고 있었다. 성도들을 위한 그의 기도는 영적인 것들을 위한 간구들로 이루어져 있다. 바울의 기도 중에 어떤 것들은 특히 아주 단순하면서도 깊다. "우리도 항상 너희를 위하여 기도함은 우리 하나님이 너희를 그 부르심에 합당한 자로 여기시고 모든 선을 기뻐함과 믿음의 역사를 능력으로 이루게 하시고"(살후 1:11) 바울은 성도들에게 영적으로 풍성한 유익을 줄 수 있는 것들을 집중적으로 기도할 때가 많았다. 바울은 데살로니가 성도들을 위해 부르심에 합당한 자가 되는 것, 기쁨으로 충만한 삶을 사는 것, 역사를 능력 있게 섬기는 것 이 세 가지를 소망하며 기도했다.

: : 근원

이 세 가지 간구들과 그 의미들을 살펴보기 전에 먼저 모든 영적인 축복들의 근원에 대해 간단하게 살펴보자. 바울은 성도들을 위해 간절히 바라는 것들은 오직 기도를 통해서만이 이루어질 수 있다는 것을 알고 있었다. 그는 인간적인 능력이나 프로그램들에 눈을 돌리지 않았다. 그는 하나님께로 향했다. 바울은 할 수 있는 한 언제 어디를 가든지 하나님의 명령에 순종하는 것의 중요성을 가르쳤다. 그는 하나님만이 사람들의 마음에 순종심을 불러일으킬 수 있다는 것을 알고 하나님을 향해 간구했다. 바울은 하나님이 그의 백성들이 거룩하게 되기를 간절히 바란다는 것을 알고 있었고, 바울 자신도 그것을 간절히 바라고 있었다. 따라서 그는 하나님이 하나님의 백성들 안에 이루고 싶어 하는 것들을 위해 기도했다.

만약 우리가 서로를 위해 기도해 주고 싶어 한다면 육적인 필요들만을 위해 기도하지 말라. 영적인 문제들에 대한 기도를 우선적인 기도제목들로 삼아라. 왜냐하면 하나님은 그런 것들에 가장 관심을 많이 가지고 있기 때문이다. 하나님의 궁극적인 목적은 우리가 그리스도의 형상으로 자라는 것이다. 인생에서 어느 정도 시험과 연단을 겪다보면 우리에게 어떤 영적 필요가 있는지가 드러난다. 그리고 하나님은 인생에서 일어나는 여러 가지 사건들 앞에서 우리가 어떻게 반응하고 어떤 태도를 취하느냐에 관심이 많다.

바울과 그 외에 다른 많은 성숙한 크리스천들에게 있어서 기도는 하나님의 약속과 목적, 하나님의 백성들의 영적인 부요, 복음

전파와 또 교회의 성장을 간절히 바라는 마음의 상태이다. 만약 우리가 정말 하나님을 영화롭게 하는 삶을 살기 원한다면 주님이 관심을 가지는 것에 우리도 관심을 가져야 한다.

: : 요청

데살로니가 성도들을 위한 바울의 기도에는 아주 중요하면서도 역동적인 영적인 문제 세 가지가 포함되어 있다. 그 문제들은 모든 크리스천들에게 중요한 것들이다. "우리도 항상 너희를 위하여 기도함은 우리 하나님이 너희를 그 부르심에 합당한 자로 여기시고 모든 선을 기뻐함과 믿음의 역사를 능력으로 이루게 하시고"(살후 2:11) 부르심에 합당한 자가 되는 것은 영적인 성품과 관련이 있다. 그것은 주님이 바라는 종류의 사람이 되는 것이다. 그것은 또한 우리의 바람이 되어야 하기도 한다. 기쁨으로 충만한 것은 하나님이 우리의 삶에 줄 수 있는 모든 거룩한 갈망들을 말한다. 그리고 능력은 우리의 섬김이 진정으로 효과적이 되기 위해 반드시 필요한 것이다. 우리가 사랑하는 사람들이나 주안에서 형제자매들을 위해 기도해 줄 때 그들이 이 세 가지, 즉 합당함, 충만함, 능력을 갖도록 기도해 주라. 우리의 기도에서 이 세 가지 문제들이 가장 우선적인 기도제목들이 되고 또 순종의 방향이 될 때 하나님은 우리의 기도를 들으실 것이다.

합당함

바울의 첫 번째 기도는 "하나님이 너희를 그 부르심에 합당한 자로 여기시고"이다. 이것은 크리스천으로서 우리의 성품을 포함한 포괄적인 간구이다. 만약 우리가 그리스도께 속해있다면 우리는 하나님을 존중하는 방식으로 살아야 한다.

'부르심'이라는 말은 신약성경의 서신서에 자주 등장하는 말로서 구원의 결과 삶이 달라진 효과적인 구원의 부르심을 말한다. 이것은 회개하거나 믿도록 부르시는 부르심이 아니다. 이것은 바울이 로마서에서 언급한 부르심이다. "또 미리 정하신 그들을 또한 부르시고 부르신 그들을 또한 의롭다 하시고 의롭다 하신 그들을 또한 영화롭게 하셨느니라"(롬 8:30) 여기서 "부르심"은 구원선상에 있다. 이 부르심은 영원이라는 개념으로 볼 때 과거의 어느 선택된 시간에 이루어진 것이다. 그것은 후회하심이 없는 변개함이 없는 부르심이다(롬 11:29). 바울은 데살로니가전서에서 이 부르심의 중요성에 대해 말하고 있다. "이는 너희를 부르사 자기 나라와 영광에 이르게 하시는 하나님께 합당히 행하게 하려 함이라"(살전 2:12)

바울이 하려는 말의 핵심은 명확하다. 믿는 자들은 구원을 통해 부름을 받았다는 것이다. 크리스천으로 불리도록, 그리고 하나님의 백성으로 여김 받도록 부름을 받았다는 것이다. 따라서 바울은 우리가 그리스도의 이름을 내세울 만한 합당한 자들이 되도록 기도하고 있다.

위치에서의 합당함

우리 모두는 죽어야 마땅한 자들이다. 우리는 구원받기에 합당한 자들이 아니다. 하나님이 우리를 구원하기 전에는 그랬다. 따라서 우리는 하나님이 합당치 않은 자들을 합당한 자들로 삼으셨다고 결론내릴 수 있다. 그것이 그리스도 안에서의 우리의 위치이며 입장이다. 우리가 그리스도의 의로 말미암아 의롭다 함을 얻은 것처럼 우리는 그리스도의 의로 말미암아 합당한 자로 부르심을 받았다. 우리가 의롭게 된 것이 우리의 노력으로 말미암은 것이 아닌 것과 마찬가지로 합당함도 우리의 노력으로 얻은 것이 아니다. 그것은 오직 하나님의 은혜로 말미암은 선물일 뿐이다. 그러므로 이제 하나님 안에서 우리는 합당한 자들이다. 즉, 하나님 안에서 구원받을 가치가 있는 자들이다.

행위에 있어서의 합당함

바울이 하나님께 우리를 보다 합당한 자들로 삼아달라고 기도한 것은 실제적인 삶과 행위에 있어서 합당한 자들이 되도록 기도한 것이다. 하나님은 우리가 하나님의 이름을 내세우기에 합당한 자가 되기를 원하며 그 목표를 달성하기 위해 때로 하나님은 우리의 고통을 사용하기도 하신다. "이는 하나님의 공의로운 심판의 표요 너희로 하여금 하나님의 나라에 합당한 자로 여김을 받게 하려 함이니 그 나라를 위하여 너희가 또한 고난을 받느니라"(살후 1:5) 하나님이 우리에게 허락하시는 고통은 우리에게서 육신적인 요소들을 빼내시고 더욱 하나님과 가까워지도록 해 준다. 그리고 궁극적으로 영적인 성장을 이루어준다.

데살로니가후서 1장 11절을 보면, 바울은 그 과정이 어떻게 이루어지는지에 대해서는 별로 관심 없으며 우리가 더욱 합당한 자가 되는 것에 주로 관심을 두고 있다. 앞으로 언젠가 우리 모두는 온전히 합당한 자들이 될 것이다. 그 이유는 우리 모두가 온전히 거룩해질 것이기 때문이다. 그러나 그렇게 되기 전까지 우리에게는 그리스도의 이름에 합당한 자로 빚어지는 과정이 필요하다.

이것은 모든 믿는 자들의 입술의 간구가 되어야 한다. 우리 모두는 믿는 자들로 인해 그리스도의 이름이 모독을 받거나 불명예스럽게 되는 일이 없기를 간절히 바라야 한다. 바울은 특히 데살로니가교회에서 그리스도께 누가 되는 행동을 하고 있는 사람들을 향해 이렇게 말하고 있다. "형제들아 우리 주 예수 그리스도의 이름으로 너희를 명하노니 게으르게 행하고 우리에게서 받은 전통대로 행하지 아니하는 모든 형제에게서 떠나라"(살후 3:6) 데살로니가 성도들 중에 어떤 사람들은 눈에 드러날 정도로 하나님의 말씀과 사도들의 가르침에 불순종하였으며 더 나아가 다른 사람들에게까지 불순종의 영향력을 미치고 있었다. 실제로 어떤 사람들은 "게으르게 행하여 도무지 일하지 아니하고 일을 만들기만 했다"(살후 3:11). 그들은 위치와 관련해서는 합당할지 모르지만 실제 삶에서는 하나님을 영화롭게 하는 삶을 살지 않았다.

우리에게는 합당한 행위로 그리스도의 이름을 드러내야 하는 엄중한 특권과 책임이 주어져 있다. 이 주제는 바울의 서신에 끊임없이 등장한다. 그는 에베소 성도들에게도 "그러므로 주 안에서 갇힌 내가 너희를 권하노니 너희가 부르심을 받은 일에 합당하게 행하여 모든 겸손과 온유로 하고 오래 참음으로 사랑 가운데서 서로 용납하고 평안의 매는 줄로 성령이 하나 되게 하신 것을 힘써 지키라"(엡 4:1~3)고 말하고 있다.

그는 또한 빌립보 성도들에게도 "오직 너희는 그리스도의 복음에 합당하게 생활하라 이는 내가 너희에게 가 보나 떠나 있으나 너희가 한마음으로 서서 한 뜻으로 복음의 신앙을 위하여 협력하는 것과 무슨 일에든지 대적하는 자들 때문에 두려워하지 아니하는 이 일을 듣고자 함이라"(빌 1:27~28)고 말했다.

그는 골로새 성도들에게도 "주께 합당하게 행하여 범사에 기쁘시게 하고 모든 선한 일에 열매를 맺게 하시며 하나님을 아는 것에 자라게 하시고 그의 영광의 힘을 따라 모든 능력으로 능하게 하시며 기쁨으로 모든 견딤과 오래 참음에 이르게 하시고"(골 1:10~11)라고 말했다. 위의 각 성경말씀은 크리스천으로서의 합당한 삶에 대해 말해 주고 있으며, 우리가 우리의 삶에 분명하게 나타나게 해달라고 하나님께 간구해야 하는 성품들에 대해 말해 주고 있다.

아래에는 크리스천으로서 합당한 삶을 보여주는 신약성경의 말쏨들이 나와 있다.

*겸손(엡 4:23)
*순결(롬 13:13)
*자족(고전 7:17)
*믿음(고후 5:7)
*의(엡 2:10)
*연합(빌 1:27)
*온유(엡 4:2)
*인내(골 1:11)
*사랑(엡 5:23)
*기쁨(골 1:11)
*감사(골 1:3)
*빛(엡 5:8~9)
*지식(골 1:10)
*지혜(엡 5:15~16)
*진리(요삼 3~4)
*풍성한 열매(골 1:10)

만약 우리가 정말 그리스도께 속한 자들이라면 우리는 그리스도께서 행한 대로 행해야 한다(요일 2:6).

충만함

바울의 두 번째 간구는 "모든 선을 기뻐하는 것"이다. 여기서 "선을 기뻐한다"는 말의 원래 의미는 "선에 대한 갈망이 채워진다"는 뜻으로 "채워진다(pleroo)"는 것은 "달성된다"는 것을 의미한다. 따라서 바울은 하나님의 선을 이루려는 우리의 모든 갈망들이 달성되게 해주시기를 하나님께 구하고 있는 것이다.

시편에는 이 갈망이 자주 등장한다. 다윗은 "그의 마음의 소원을 들어 주셨으며 그의 입술의 요구를 거절하지 아니하셨나이다 (셀라) 주의 아름다운 복으로 그를 영접하시고 순금 관을 그의 머리에 씌우셨나이다"(시 21:2~3)라고 말하고 있다. 다윗은 또한 "여호와를 기뻐하라 그가 네 마음의 소원을 네게 이루어 주시리로다"(시 37:4)라고 말했다. 정말 하나님은 우리가 마음으로 갈망하는 모든 것들을 들어주시는가? 그렇다. 우리가 하나님을 기뻐하고 우리의 소원이 하나님의 소원과 일치한다면 하나님은 들어주실 것이다. 그 진리는 다음의 말로 입증된다. "여호와께서 나를 위하여 보상해 주시리이다"(시 138:8) 다윗은 어떻게 이렇게 담대하게 확신할 수 있었을까? 그 이유는 그의 소원이 바로 하나님의 소원이었기 때문이었다.

하나님은 사람들을 행복하게 해주는 것에 아주 인색한 분이라고 생각하는 사람들이 많다. 그들은 하나님이 사람들을 비참한 상황 가운데 내어버려둠으로서 하나님이 얼마나 가혹하고 철저한 것을 요구하는지를 기억하도록 하면서 쾌감을 누리는 분이라고 생각한다. 그러나 그것은 사실이 아니다. 하나님은 우리의 갈망이 하나님의 갈망과 일치하기만 하면 우리의 마음의 소원을 이루어주고 싶어 하는 분이다. 시편 145편 16절은 하나님이 모든 살아있는 것들의 소원을 이루어주시는 분이라는 것을 보여주고 있다. 하나님은 긍휼이 많으시고 은혜로우시다. 하나님은 그의 자녀들의 갈망이 의로운 것이기만 하면 그 갈망을 들어주기를 간절히 원하신다.

능력

바울의 세 번째 간구는 "믿음의 역사를 능력으로 이루게 하는 것"이다. 데살로니가 성도들은 이미 믿음의 역사에 참여하고 있었다(살후 1:3). 그들이 믿음의 열매를 맺고 있었던 것을 볼 때 그들의 믿음은 실제적인 것이었다. 그러나 바울은 그들의 믿음이 더 자라나기를 원했고, 그들이 더욱 능력 있게 되기를 기도하고 있다.

바울은 에베소서 성도들을 위해서도 그런 기도를 했다. "그의 영광의 풍성함을 따라 그의 성령으로 말미암아 너희 속사람을 능력으로 강건하게 하시오며"(엡 3:16) 우리가 하나님의 말씀이 우리의 삶을 지배하도록 할 때 하나님의 능력이 우리 안에 나타난다(골 3:16).

우리가 아내나 남편을 위해, 자녀들을 위해, 친구들을 위해, 그 외에 사랑하는 사람들을 위해 기도할 때 일시적인 것들만 구해서는 안 된다. 그 대신 그들이 믿음의 역사를 능력 있게 감당하며, 선한 일에 대한 그들의 갈망이 이루어지며, 그리스도의 이름을 드러내기에 합당한 자들이 되도록 기도해야 한다.

: : 이유

영적인 유익들을 위해 기도해야 하는 아주 분명한 이유가 한 가지 있다. 그것은 이 책에서 거듭거듭 말했던 것이다. "우리 하나님과 주 예수 그리스도의 은혜대로 우리 주 예수의 이름이 너희 가운데서 영광을 받으시고 너희도 그 안에서 영광을 받게 하려 함이라"(살후 1:12) 바로 이것이 우리가 크리스천으로서 살기 위해 최선을 다해야 하는 궁극적인 이유이다. 만약 그것이 궁극적인 이유가 아니라면 우리는 우리 자신에게 너무 많은 초점을 두고 있는 것이다(참조: 요 14:13~14).

우리는 부르심에 합당한 자가 되도록 서로를 위해 기도해 주어야 한다. 그 이유는 그리스도의 명예가 거기에 달려있기 때문이다. 이와 관련해서 다니엘도 "주여 들으소서 주여 용서하소서 주여 귀를 기울이시고 행하소서 지체하지 마옵소서 나의 하나님이여 주 자신을 위하여 하시옵소서 이는 주의 성과 주의 백성이 주의 이름으로 일컫는 바 됨이니이다"(단 9:19)라고 기도했다.

　우리는 사람들이 기독교를 거부하는 가장 큰 이유는 크리스천들에게 보이는 위선적인 행동들 때문이라는 것을 잘 알고 있다. 따라서 바울은 우리가 위선자와 정반대로 행동함으로서 그리스도의 이름을 높이고 또 믿지 않는 자들을 그리스도께로 인도하도록 기도하고 있다. 바로 이런 이유 때문에 예수님도 "이같이 너희 빛이 사람 앞에 비치게 하여 그들로 너희 착한 행실을 보고 하늘에 계신 너희 아버지께 영광을 돌리게 하라"(마 5:16)고 말했다. 이 말씀에 나타난 바울의 열망은 고린도후서에 나타난 열망과 동일하다. "디도로 말하면 나의 동료요 너희를 위한 나의 동역자요 우리 형제들로 말하면 여러 교회의 사자들이요 그리스도의 영광이니라"(고후 8:23)

　우리는 이 중요한 영적인 문제들에 우선순위를 두어야 한다. 이 땅의 잠깐 있는 것들에 마음을 뺏기는 경향이 늘 우리에게 있기 때문에 그렇게 하기가 쉽지는 않지만, 그럼에도 불구하고 영적인 것들에 먼저 관심을 두는 것은 가치 있는 희생이다. 아래의 이야기는 우리가 그렇게 할 수 있도록 도움을 줄 것이다.

　　포니 익스프레스(Pony Express)는 말 등에 우편물을 실어서 운반하는 배송회사였다. 동부터미널은 동부 맨 끝에 위치한 미주리 주 성 요셉에 있었고, 서부터미널은 캘리포니아 주 새크라멘토에 있었다. 포니 익스프레스로 우편물을 보내는 비용은 온

스당 2.50$이었다. 링컨 대통령이 대통령 취임 연설문에서 언급했던 바와 같이 만약 날씨가 좋지 않거나, 말이 준비되지 않거나, 인디언들의 공격이 있어서 배송이 지연될 경우 2천 마일이나 떨어진 곳까지 우편물을 운반하려면 아무리 빨라도 열흘은 걸려야 했다.

포니 익스프레스는 1860년 4월 3일에 처음으로 사업을 시작했다가 1861년 11월 18일에 문을 닫았다. 그러니까 약 19개월 보름정도 운영된 것이다. 포니 익스프레스가 이렇게 단기간밖에 운영되지 않았다는 사실은 우리를 다소 놀라게 한다. 포니 익스프레스가 문을 닫은 이유는 두 도시 사이에 전신이 개설되었기 때문에 더 이상 우편물 배송서비스가 필요 없게 되었기 때문이었다.

포니 익스프레스에서 우편물을 싣고 말을 달리는 일을 하는 것은 힘든 일이었다. 우편배달을 하려면 하루에 75마일 내지는 100마일 정도를 달려야 했다. 편지를 제외한 기타 배송물들은 전부 밀가루로 만든 음식, 옥수수, 베이컨 등이었기 때문에 신속한 배달이 필요했다. 또 테레빈유, 붕사, 주석 크림 등과 같은 의료물품들도 있었다.

짐을 가볍게 하기 위해, 그리고 인디언들의 공격을 받을 때 빨리 움직이기 위해 말을 달리는 배송직원들은 한 겨울 매서운 추위에도 항상 셔츠바람으로 달려야 했다.

이 어렵고 힘든 일을 할 자원봉사자들을 어떻게 모집할 수 있었겠는가? 1860년에 샌프란시스코 신문에는 포니 익스프레스의 구인광고가 다음과 같이 실려 있다. "구인: 18세 이하의 마르고 강인한 체력을 가진 젊은 청소년. 매일 위험을 감수할 각오가 되어 있어야 하며 말달리는 기술이 탁월해야 함. 고아출신 우대."

chapter 11

잃어버린바 된 자들을 위한 기도
Praying for the Lost

찰스 스펄전(Charles Spurgeon)은 모든 크리스천들이 잃어버린바 된 자들을 위한 기도를 기도의 최고 우선순위로 삼아야 한다고 말한다.

영혼구원에 힘쓰는 자들은 기도의 달인이 되어야 합니다. 하나님 앞에 기도로 나아가지 않고서는 다른 영혼들을 하나님께로 인도할 수 없습니다. 우리는 그리스도와의 거룩한 대화로 무장을 하고, 전쟁에 사용할 도끼와 무기들을 취해야 합니다. 하나님 앞에 홀로 기도할 때 우리는 하나님의 영을 체험할 수 있습니다. 하나님의 가슴에 타오르는 불꽃을 느끼며 우리의 가슴도 불타오르게 될 것입니다. 멸망할 예루살렘을 바라보며 그가 눈물을 흘릴 때 우리도 흐느끼게 될 것입니다. 우리는 예수님처럼 감동적으로 말할 수는 없지만, 그래도 우리의 말에는 사람들의 양심을 깨우고 마음을 떨리게 했던 그 예수님의 힘이 어느 정도는 담기게 될 것입니다. 오늘 이 자리에서 저의 설교를 듣는 분들, 특히 우리 교회 성도 여러분, 나는 여러분들이 노를 저을 생각은 하지 않고 노위에 편안히 드러누워 하나님의 나라를 쉽게 생각하지 않기를 바랍니다. 여러분들 중에는 때를 얻든지 못 얻든지 열심히 영혼을 구원하는 사람들이 있습니다. 그런 분들은 정말 지혜로운 분들입니다. 나는 그런 분들을 축복하며 또 그런 분들을 떠올릴 때마다 하나님께 감사합니다. 그러나 또 어떤 분들은 아예 손을 놓고 내가 설교하는 것을 듣는 것으로 만족해버리고 다른 사람들에게 말씀을 전혀 전하지 않는 사람들이 있습니다. 그런 사람들은 교회 의자에 앉아 있기만 하면서 모든 것이 잘되기만을 바랍니다. 그것이 그들이 하는 것의 전부입니다.

어떤 크리스천이 주님을 알지 못하는 친구들과 사랑하는 이들의 구원을 위해 기도하지 않겠는가? 그러나 우리는 우리의 시야를 그보다 더 넓혀야 한다. 성경은 우리가 모든 잃어버린 자들을 위해 기도해야 한다고 말하고 있다.

성경은 구원받지 못한 사람들을 위한 기도의 예를 몇 가지 보여주고 있다. 민수기 14장 19절에서 모세는 "구하옵나니 주의 인자의 광대하심을 따라 이 백성의 죄악을 사하시되 애굽에서부터 지금까지 이 백성을 사하신 것 같이 사하시옵소서"라고 기도했다. 그는 이스라엘의 죄를 용서해달라고 하나님께 울부짖으며 기도했다.

선지자 사무엘도 이스라엘의 구원을 위해 기도했다.

> "사무엘이 이스라엘 온 족속에게 말하여 이르되 만일 너희가 전심으로 여호와께 돌아오려거든 이방 신들과 아스다롯을 너희 중에서 제거하고 너희 마음을 여호와께로 향하여 그만을 섬기라 그리하면 너희를 블레셋 사람의 손에서 건져내시리라 이에 이스라엘 자손이 바알들과 아스다롯을 제거하고 여호와만 섬기니라 사무엘이 이르되 온 이스라엘은 미스바로 모이라 내가 너희를 위하여 여호와께 기도하리라 하매"(삼상 7:3~5)

사무엘상에서 좀 더 뒤편으로 가면 사무엘이 왕을 요구하는 이스라엘 백성들의 죄를 책망하면서 "나는 너희를 위하여 기도하기를 쉬는 죄를 여호와 앞에 결단코 범하지 아니하고 선하고 의로운 길을 너희에게 가르칠 것인즉"(삼상 12:23)이라고 말한 것이 나와 있다.

신약에서는 스데반의 간증에서 그런 내용을 볼 수 있다. 돌에 맞아 죽으면서 스데반은 자기를 돌로 치는 사람들을 위해 기도하고 있다. "그들이 돌로 스데반을 치니 스데반이 부르짖어 이르되 주 예수여 내 영혼을 받으시옵소서 하고 무릎을 꿇고 크게 불러

이르되 주여 이 죄를 그들에게 돌리지 마옵소서 이 말을 하고 자니라"(행 7:59~60)

바울은 동족 이스라엘의 구원을 간절히 갈망했다. 그는 로마서 9장 1~4절에서 그의 갈망을 언급하고 있다. "내가 그리스도 안에서 참말을 하고 거짓말을 아니하노라 나에게 큰 근심이 있는 것과 마음에 그치지 않는 고통이 있는 것을 내 양심이 성령 안에서 나와 더불어 증언하노니 나의 형제 곧 골육의 친척을 위하여 내 자신이 저주를 받아 그리스도에게서 끊어질지라도 원하는 바로라 그들은 이스라엘 사람이라" 그는 그런 깊은 갈망을 늘 기도로 쏟아놓을 수밖에 없었다. "형제들아 내 마음에 원하는 바와 하나님께 구하는 바는 이스라엘을 위함이니 곧 그들로 구원을 받게 함이라"(롬 10:1)

성경은 잃어버린 자들을 위한 기도의 타당성과 적정성에 대해 분명하게 말하고 있다. 위에서 제시한 예들 외에 디모데전서 2장 1~8절에도 전도를 위한 기도가 나와 있다. 이 성경구절들은 특별히 에베소교회의 문제를 다루고 있기 때문에 약간의 논란의 여지가 있기는 하지만 어쨌거나 바울이 여기서 잃어버린바 된 자들을 위해 기도하라는 명령을 하는 것을 보면 에베소교회에서 전도를 위한 기도가 우선순위 뒤로 밀려났었던 것이 아닐까 추측해 볼 수 있다.

여기서 바울이 하려는 말은 복음이 온 세계를 위한 것이기 때문에 모든 사람들을 위해 기도해줘야 할 필요가 있다는 것이다. 교회의 목표는 과거 이스라엘에게 두신 하나님의 목표가 그랬던 것처럼 하나님의 구원의 복음을 가지고 전 세계를 향해 가는 것이다. 이스라엘은 하나님의 뜻을 따라 세계를 향해 제사장 나라가 되는 것에 실패했기 때문에 이제 그 책임이 교회로 옮겨 온 것이다. 바울은 이스라엘을 실패하게 만든 배타주의가 교회에 침투해서 교회의 기능에 문제를 일으키는 일이 또 다시 일어나서는 안 된다는 생각에 그렇게 쓰고 있다. 역사는 실제로 교회가 내부적으로 자족하고 교회 밖에 있는 죄인들에 대해 소홀할 때가 많았다는 것을 보여주고 있다.

이 땅에 있는 교회의 가장 중요한 역할은 잃어버린 자들에게 다가가는 것이다. 바울은 에베소 교인들이 이기적인 배타주의를 지향하는 한 잃어버린 자들에게 다가갈 수 없을 것이라는 것을 알고 있었다. 에베소교회가 이 땅에서 하나님께 받은 사명을 수행하기 위해서는 복음의 깊이와 폭을 반드시 알아야 했다. 그것을 이해하는데 가장 중요한 요소는 전도를 위한 기도에 붙들린바 되는 것이었다.

: : 전도를 위한 기도의 특징

바울은 "그러므로 내가 첫째로 권하노니 모든 사람을 위하여 간구와 기도와 도고와 감사를 하되"(딤전 2:1)라고 말했다. 바울이 사용하고 있는 간구, 기도, 도고, 감사는 비슷한 말들이다. 그러나 그 의미에 있어서는 약간의 차이가 있어서 기도에 대한 우리의 이해의 폭을 넓혀준다. "간구"는 필요를 느껴서 하게 되는 기도이다. 부족한 것이 무엇인지를 알고 그것을 주시도록 하나님께 기도하는 것이다. 그러므로 우리는 수많은 잃어버린바 된 사람들을 볼 때 무릎을 꿇고 기도를 해야 한다.

17세기 영국 청교도인 리차드 박스터(Richard Baxter)는 아래와 같이 말했다.

> 만약 당신이 크리스천들을 많이 알고 있다면 그들이 하나님을 믿지 않는 아무것도 모르는 불쌍한 이웃들을 향해 간절한 마음을 갖도록 하라. 그들은 죽음과 지옥을 코앞에 두고 있다. 그들은 언제 어떤 병에 걸려 죽을지도 모른다. 수백 가지 질병들이 언제든지 그들을 공격할 준비가 되어 있다. 만약 그들이 그렇게 해서 구원을 받지 못하고 죽는다면 그들은 영원히 잃어버린바 될 것이다. 당신은 그런 형편에 처한 사람들을 조금도 불쌍하게 여기지 않는 얼음 같은 마음을 가졌는가? 만약 당신이 하나님의 말씀을 믿지 않고 죄인들이 위험에 처한 것을 믿지 않는다면, 과연 크리스천이라고 볼 수 있는가? 만약 당신이 그 사실을 믿는다면 왜 다른 사람들을 도우려고 힘쓰지 않는가? 당신은 자신은 구원받았기 때문에 다른 사람들이 지옥으로 갈 운명에 처한 것에 대해서는 신경 쓰지 않는 것인가? 만약 그렇다면 당신이야말

로 정말 불쌍한 사람이다. 하나님의 은혜에 전혀 합당치가 않은 그런 태도를 가졌으니 말이다. … 그래서 믿지 않는 사람들과 바로 이웃하고 살거나, 길에서 그들을 만나거나, 직장에서 같이 일하거나, 함께 여행을 하거나, 그들과 나란히 앉고 대화하면서도 영혼의 구원에 대해 한마디도 하지 않으며, 장차 다가올 일에 대해서도 한마디도 하지 않는 것인가? 만약 그들의 집에 불이 났다면 당신은 바로 뛰어가서 그들을 도와주지 않겠는가? 그런데 그들의 영혼이 거의 지옥 불 앞에 다가가고 있는데도 당신은 그들을 도와주지 않을 것인가?

"기도"는 일반적인 기도를 말한다. "간구"와는 달리 기도는 하나님과 관련된 기도에만 사용된다. 또 기도에는 예배와 경외라는 독특한 요소가 담겨있다. 잃어버린바 된 사람들을 위한 기도는 예배의 행위로서 궁극적으로 하나님을 향해 하는 것이다. 그 이유는 죄인들이 구원을 받게 되면 하나님께 영광을 돌리게 되기 때문이다.

우리나라 말로 "도고"라고 번역된 그리스 원어는 그 어근이 "누군가와 ~에 빠지다"는 의미를 가지고 있다. 이 말의 동사형은 우리들을 위한 그리스도의 중보와 성령의 중보 둘 다를 말할 때 사용되었다(히 7:25, 롬 8:26). "간구"는 공감, 동정, 긍휼을 나타내는 것으로서 우리의 노력과 씨름이 깊이 관여되며 또 우리의 필요와도 관계가 있다. 잃어버린바 된 자들을 위해 기도하는 것은 절대로 차갑고 비인격적이며 객관적인 태도로는 할 수 없는 것이다. 그것은 국선변호사가 피고인 측을 대변할 때와 같은 그런 태도와는 달라야 한다. 그들의 고통과 절망의 깊이를 느끼며, 그리고 그들의 운명이 다가오고 있다는 것을 이해하면서 우리는 죄인들을 구원해 주시도록 하나님께 부르짖어 기도해야 한다.

"감사"는 전도를 위한 기도의 네 번째 요소이다. 그것은 복음이 전파된 것에 대해, 그리고 잃어버린 자들에게 그 복음을 전하는 특권을 누린 것에 대해, 그리고 그들 중 몇 명이 회개하고 돌아온 것에 대해 하나님께 감사하는 기도이다.

이 네 가지 말들의 미묘한 차이는 잃어버린 자들을 위한 우리의 기도를 보강해 준다. 만약 우리의 기도에서 이 네 가지 중에 하나라도 빠진다면 우리는 우리의 마음을 잘 성찰해 보아야 할 필요가 있다. 우리는 믿지 않는 자들이 정말 긴급한 상황에 처해 있다는 것을 충분히 깨닫고 있는가? 우리는 영혼들이 구원받는 것을 통해 하나님이 영광받기를 정말 원하는가? 우리는 영원이라는 관점에서 잃어버린 영혼들의 긴급한 현실을 불쌍히 여기는가? 우리는 복음이 모든 사람들에게 전파되는 것에 대해, 그리고 복음을 전하는 특권을 누리는 것에 대해 정말 감사하는가? 만약 이러한 요소들 중에 하나라도 빠진 것이 있다면 우리의 마음은 무덤덤해질 것이다. 우리는 절박하게 기도하라는 이런 명령에 순종하지 않는 것 때문에 마음이 무덤덤해질 때도 많다.

: : 전도를 위한 기도의 범위

우리는 전도를 위한 기도를 "모든 사람을 위하여 … 그리고 임금들과 높은 지위에 있는 모든 사람을 위하여"(딤전 2:1~2) 해야 한다. 10장에서 본 바와 같이 우리의 기도는 주로 우리의 개인적인 필요들로 제한되어 있거나 우리의 가족들과 친구들을 위한 기도에서 거의 벗어나지 못한다. 그러나 이와는 정반대로 바울은 전도를 위한 기도를 "모든 사람들을 위한 기도"라고 말한다. 거기에는 이기심이나 배타성이 비집고 들어갈 틈이 없다. 우리는 선택된 자들에게만 복음을 전하고 그들을 위해서만 전도를 위한 기도를 하려고 해서는 안 된다. 결국 사람들이 복음에 반응하기까지는 누가 선택된 자들인지 알 수 없기 때문이다. 게다가 우리는 하나님이 모든 사람들을 구원하기 원한다는 것을 알고 있다(딤전 2:4). 하나님은 악한 사람들이 영원한 죽음에 이르는 것을 기뻐하는 분이 아니라 오히려 죄인들이 악에서 돌이켜 생명을 얻는 것을 기뻐하신다(겔 33:11). 그러므로 잃어버린 자들을 위한 기도는 하나님의 뜻을 받드는 것이다. 하나님은 모든 사람들에게 회개하도록 명하셨다(행 17:30). 우리는 그들이 회개하도록 기도해야 하며 복음을 영접하도록 기도해야 한다(딛 2:11).

바울은 특히 "왕들과 높은 지위에 있는 사람들을" 언급하고 있다. 그들을 위해 기도하라고 특별히 따로 언급하지 않으면 우리는 그들을 위한 기도를 소홀히 하게 되는 경향이 있다. 그렇기 때문에 바울은 그들을 위해 기도하라고 언급하고 있는 것이다. 고대의 통치자는 주로 전제군주일 때가 많았다. 따라서 백성들은 그들의 통치자들을 존경하지 않았을 뿐만 아니라 경우에 따라 원망과 적개심을 품을 때도 있었다.

그러나 기도할 때 그런 사람들을 소홀히 하는 것은 심각한 죄이다. 그 이유는 그들에게 권세와 책임이 주어져 있기 때문이다. 여기서 바울의 명령은 에베소 성도들이 다 함께 그 시대의 통치자인 황제를 위해 기도해 주라는 뜻이었다. 그가 비록 잔인하고 사악한 불경죄인인 네로라 할지라도 말이다. 그들은 비록 왕이 사악하고 믿는 자들을 잔인하게 핍박하더라도 왕의 구원을 위해 기도해야 했다. 따라서 우리도 그들의 영혼을 생각해서라도 "임금들과 높은 지위에 있는 모든 사람들이" 죄를 회개하고 복음을 믿도록 기도해야 한다.

바울은 의롭지 못한 통치자들이나 또는 정치적으로 우리와 뜻이 맞지 않는 사람들이 망하도록 기도하라고 하지 않았다. 우리는 다스리는 자들에게 순종해야 하며 충성스러워야 한다(롬 13:1~5, 벧전 2:17). 만약 오늘날 교회가 정치적인 책략과 로비에 쏟아 붓는 노력을 중보기도에 쏟아 부었다면 미국에 더 많은 영향을 끼쳤을지도 모른다. 우리 모두는 "우리의 싸우는 무기는 육신에 속한 것이 아니요 오직 어떤 견고한 진도 무너뜨리는 하나님의 능력이라"(고후 10:4)는 사실을 너무 자주 잊어버린다. 국가를 변화시키는 핵심은 죄인들의 구원이며 거기에는 신실한 기도가 필요하다.

: : 전도를 위한 기도를 통해 얻는 유익

잃어버린 자들을 위한 기도가 우리에게 주는 유익은 사실 상당히 크다. "이는 우리가 모든 경건과 단정함으로 고요하고 평안한 생활을 하려 함이라"(딤전 2:2) 높은 지위에 있는 사람들을 위해 기도해서 그들의 마음이 변화하기만 하면 사회 전체적인 분위기가 교회의 전도활동에 호의적으로 바뀐다. 무엇보다 믿는 자들이 지도자들을 위해 기도할 때 그 결과로서 신자들을 향한 모든 저항과 반발이 사그라질 수 있다. 상황이 그렇게 바뀌면 크리스천들은 핍박에 대처만 하던 데서 오히려 사람들 간에 서로 평화하도록 도와주는 사람이 될 수 있다. 바울이 디도에게 편지한 것처럼 말이다.

"너는 그들로 하여금 통치자들과 권세 잡은 자들에게 복종하며 순종하며 모든 선한 일 행하기를 준비하게 하며 아무도 비방하지 말며 다투지 말며 관용하며 범사에 온유함을 모든 사람에게 나타낼 것을 기억하게 하라 우리도 전에는 어리석은 자요 순종하지 아니한 자요 속은 자요 여러 가지 정욕과 행락에 종노릇 한 자요 악독과 투기를 일삼은 자요 가증스러운 자요 피차 미워

한 자였으나"(딛 3:1~3)

바울은 디도서에서 믿는 자들이 이방인의 통치자들과 권세 잡은 자들에게 순종하고 평화하라고 말하고 있다. 그 이유는 우리도 과거에 그들과 마찬가지로 구원받지 못한 불의한 죄인들이었기 때문이다.

믿는 자들이 잃어버린바 된 자들을 위해, 특히 완고하고 까다로운 지도자들을 위해 끊임없이 기도할 때 믿지 않는 자들은 크리스천들이 성품이 착하고, 평화롭고, 사랑이 많으며, 긍휼이 많고, 비범하며, 믿지 않는 자들이 잘 되기를 바라는 사람들이라는 것을 알게 될 것이다. 크리스천들이 사회를 위협하는 세력이 아니라는 것을 구원받지 않은 사람들이 일단 깨닫게 되면 그 다음에는 그들이 크리스천들을 친구로 대접할 가능성이 많아진다. 그리고 크리스천들을 통해 구원을 받는 사람들이 많아질 때 사회 내에 교회에 대한 호의적인 분위기가 점점 더 조성될 수 있다.

방해가 없어진다

이 명령에 순종하는 교회는 "고요하고 평안한 생활을 하게 될 것이다." '평안' '고요'라는 말의 그리스 원어는 거의 사용되지 않는 형용사이다. '평안'이라는 그리스 원어는 신약성경 중에서도 여기에서만 사용된 것으로서 외부의 방해가 없는 상태를 말한다. '고요'는 이 말씀과 베드로전서 3장 4절에서만 사용된 말로서 내부적인 소요가 없는 상태를 말한다. 교회가 모든 사람들에 대해 사랑을 보이고 선한 것을 행할 때, 그리고 잃어버린 자들을 긍휼히 여기며 기도할 때 교회를 향한 외부의 적의를 감소시킬 것이다. 그 결과 성도들은 내적 외적인 방해로부터 자유함을 누릴 수 있게 될 것이다.

교회는 한 치의 양보도 없이 진리에 헌신함과 동시에 국민으로서 국가적인 혼란이나 분열을 야기하는 일을 해서도 안 된다. 그것이 성경의 분명한 가르침이다. 혹시 우리가 핍박을 받게 된다 하더라도 그것은 그리스도를 위해, 의를 위해 받는 핍박이어야 한다(참조: 벧전 2:13~23).

바울은 데살로니가 성도들에게 "조용히 자기 일을 하고 너희 손으로 일하기를 힘쓰라"(살전 4:11)고 말하고 있다. 크리스천들은 사회적 문란을 일으키는 것이 아니라 조용한 품행으로 인정을 받아야 한다. 우리가 비록 하나님의 원수인 악한 세상 제도를 미워할 수는 있지만, 그러나 그 안에 있는 사람들까지 적들로 삼아서는 안 된다. 그들은 적에게 포로로 잡혀있는 자들이다(참조: 딤후 2:24~26). 그들은 우리의 적이 아니라 우리가 추수해야 할 곡식들이다.

거룩함이 존재함

"고요하고 평안한 생활"을 증진시키기 위해 믿는 자들은 "모든 경건과 단정함을" 추구해야 한다. '경건'은 eusebeia라는 말로서 목회서신에 많이 사용된 말이다. 경건이라는 말은 하나님을 향한 경외심이라는 의미를 담고 있다. 믿는 자들은 하나님의 엄위함, 거룩함, 사랑, 영광을 위해 살아야 한다.

'단정함'이라는 말은 Semnotes로서 도덕을 존중하는 마음이라는 의미가 있다. '경건'이 적절한 마음이라면 '단정함'은 적절한 행위라고 볼 수 있을 것이다. 이처럼 믿는 자들은 거룩한 마음으로 거룩한 행동을 하는 사람들이어야 한다. 이 두 가지 전부가 "고요하고 평안한 생활"에 공헌할 수 있다.

그러나 그것은 크리스천의 삶이 아무 문제가 없는 만사형통의 삶이라는 것을 의미하는 것은 아니다. 바울이 디모데후서 3장 12절에 쓴 바와 같이 "무릇 그리스도 예수 안에서 경건하게 살고자 하는 자는 박해를 받으리라"는 것은 사실이다. 크리스천의 삶은 사탄과 악한 세력과의 전쟁이다. 바울 자신도 기독교 신앙 때문에 매를 맞기도 하고 감옥에 갇히기도 했다. 이 메시지에서 그가 말하려고 하는 핵심은 우리가 고난당하고 핍박을 받는 이유는 우리의 경건한 마음과 행동 때문이어야 하며, 그 외에는 어떤 것도 핍박받는 이유가 되어서는 안 된다는 것이다. 우리는 사회에 문란을 일으키는 세력이 됨으로서 사람들에게 부정적인 반응이 돌아오도록 해서는 안 된다.

:: 전도하기 위한 기도를 해야 하는 이유

왜 우리는 잃어버린바 된 사람들을 위해 기도해야 하는가? 바울은 하나님의 구원의 목적에 관해 성경전체를 통틀어 가장 강력하고 가장 드라마틱한 말을 해주고 있다. "이것이 우리 구주 하나님 앞에 선하고 받으실 만한 것이니 하나님은 모든 사람이 구원을 받으며 진리를 아는 데에 이르기를 원하시느니라 하나님은 한 분이시요 또 하나님과 사람 사이에 중보자도 한 분이시니 곧 사람이신 그리스도 예수라 그가 모든 사람을 위하여 자기를 대속물로 주셨으니 기약이 이르러 주신 증거니라 그를 위하여 내가 전파하는 자와 사도로 세움을 입은 것은 참말이요 거짓말이 아니니 믿음과 진리 안에서 내가 이방인의 스승이 되었노라"(딤전 2:3~7)

도덕적으로 옳다

하나님은 잃어버린 자들을 위한 기도가 가장 고상하고 영적으로 옳은 일이며, 우리의 양심에도 떳떳한 일이라고 말하고 있다. 잃어버린 자들은 죄로 인해 고통 받고 있으며, 수치심과 무의미함 가운데 살고 있다. 그리고 그들은 이 땅에서 끊임없이 고생하며 살다가 결국 영원한 지옥 불에 떨어지게 된다. 그것을 알 때 우리가 해줄 수 있는 가장 최선의 것은 그들의 구원을 위해 기도해 주는 것이다.

어떤 사람들은 예수님이 요한복음 17장 9절에서 "내가 비옵는 것은 세상을 위함이 아니요"라고 말한 것을 가지고 논란거리로 삼을 수도 있다. 그러나 그 말씀은 하나님이 선택하셔서 그리스도께로 보내주신 자들을 위해 대제사장적인 기도를 한 것이다. 주님은 주권자이시며 전지전능하시기 때문에 주님의 기도는 아주 구체적이다. 그러나 우리는 주님처럼 그렇게 기도할 수 없다. 예수님은 하나님이 창세전부터 택하시고 사랑하는 자들이 구원받을 것과 그들이 하늘에 속한 신령한 복을 받기를 기도했다(엡 1:3~4). 그리고 그 기도에서 "세상"은 배제되어 있다.

우리의 기도는 대제사장적인 기도가 아니다. 우리는 그리스도의 대리인의 입장에서 기도해야 한다. 따라서 우리의 임무는 하나님을 위해 많은 사람들이 하나님과 화목하는 것이 되어야 한다(고후 5:20). 그러므로 우리는 "모든 사람들을 위해" 간구와 기도와 도고와 감사를 해야 한다(딤전 2:1). 우리의 가장 간절한 갈망은 모든 죄인들이 구원을 받는 것이어야 한다(참조: 롬 9:3, 10:1). 우리는 전도를 할 때 선택받은 자들에게만 제한적으로 전도를 하려고 해서는 안 된다.

여기에 우리가 전도를 제한해서는 안 되는 세 가지 이유가 있다. 첫째로, 우리는 세상 모든 사람들에게 복음을 전하도록 명령을 받았기 때문이다(마 28:19~20, 막 16:15, 눅 24:46~47). 둘째로, 누가 하나님의 선택을 받았는지는 하나님만이 아는 비밀이기 때문이다. 우리는 선택받은 자들이 누구인지 알지 못한다. 그들이 복음을 받아들이기 전까지는 그들이 누구인지 알 도리가 없다. 셋째로, 하나님의 전도의 범위는 선택받은 자들을 넘어서기 때문이다. "청함을 받은 자는 많되 택함을 입은 자는 적으니라"(마 22:14) 예수님의 대제사장적 기도도 이런 점에서는 세상을 포함시키고 있다. 예수님은 선택된 자들이 서로 하나가 되어 복음의 진리가 세상에 더 분명하게 드러나기를 기도했다. "아버지여 세상으로 아버지께서 나를 보내신 것을 믿게 하옵소서 … 아버지께서 나를 보내신 것과 또 나를 사랑하심 같이 그들도 사랑하신 것을 세상으로 알게 하려 함이로소이다"(요 17:21, 23) 모든 죄인들을 향한 하나님의 부르심은 진심이며 구원을 향한 신실한 초청이다. "나의 삶을 두고 맹세하노니 나는 악인이 죽는 것을 기뻐하지 아니하고 악인이 그의 길에서 돌이켜 떠나 사는 것을 기뻐하노라 이스라엘 족속아 돌이키고 돌이키라 너희 악한 길에서 떠나라 어찌 죽고자 하느냐"(겔 33:11)

하나님의 갈망과 일치한다

세상을 향한 하나님의 갈망은 하나님의 영원한 구원의 목적과는 다르다. 인간적인 면에서 생각해 보아도 어느 정도는 그것을 이해할 수 있다. 우리의 목적도 우리의 갈망과는 다를 때가 많기 때문이다. 예를 들면, 우리는 하루 종일 여가를 즐기고 싶지만 더 중요한 목적 때문에 직장에 나가서 일을 한다. 이와 유사하게 하나님의 구원의 목적도 하나님의 갈망보다 우위에 있다. (물론 인간과 하나님 사이에는 큰 차이가 있다. 우리는 우리가 갈망하지 않아도 어떤 것을 선택할 수밖에 없는 상황이기 때문에 그것을 선택하거나, 주어진 상황에 의해 움직일 수밖에 없는 형편이기 때문에 그렇게 할 수가 있다. 그러나 하나님은 하나님의 주권, 영원한 목적 외에는 아무것도 하나님의 선택에 영향을 줄 수 있는 것이 없다)

하나님은 진정으로 "모든 사람들이 진리를 깨닫고 구원받기를 원하신다." 그러나 "곧 영원부터 우리 주 그리스도 예수 안에서 예정하신 뜻대로 하실 수밖에 없다"(엡 3:11). 주님은 "세상 중에서" 오직 미리 택하신 자들만을 선택해서 불렀고(요 176:6), 그리고 그 나머지는 죄의 결과로 인한 저주받은 삶 속에 버려두셨다(롬 1:18~32). 그들은 자기들의 죄 때문에, 그리고 하나님을 거부했기 때문에 장차 올 형벌을 피할 수 없게 되었다. 그러므로 그들의 불신을 하나님의 탓으로 돌릴 수는 없다.

"하나님은 모든 사람들이 구원받기를 갈망한다." 따라서 우리는 어떤 사람을 위해 기도할 때 그 사람이 하나님의 선택을 받았는지 아닌지 알 수 없다. 선택받은 자들이 누구인지는 오직 하나님만이 아신다(딤후 2:19). 따라서 우리는 모든 사람들을 전도의 대상으로 여기는 기도가 하나님 보시기에 선하고 합당한 기도라고 깊이 확신하면서 "모든 사람들을 위해" 기도해야 한다. 결국 "여호와는 은혜로우시며 긍휼이 많으시며 노하기를 더디 하시며 인자하심이 크시며 여호와께서는 모든 것을 선대하시며 그 지으신 모든 것에 긍휼을 베푸시기 때문이다"(시 145:8~9).

주님은 잃어버린 자들을 위한 기도를 기쁘게 받으신다. 왜냐하면 그런 기도가 그들의 구원을 바라는 하나님의 갈망과 일치하기 때문이다. 그러한 기도는 구주로서 주님의 본성과도 일치한다. 사람들을 구원하고 싶어 하는 하나님의 본성은 그의 아들 예수 그리스도를 통해 분명하게 드러난다(딤전 2:5~6). 잠시 있다가 없어질 세상에서의 관점에서 보면 하나님은 "모든 사람들의 구주"이다. 그러나 영원이라는 관점에서 보면 하나님은 오직 믿는 자들의 주님이다(딤전 4:10).

하나님이 "모든 사람들이 구원받기를 갈망하는 것은" 하나님으로서의 자신의 존재와도 조화한다. 이사야 45장 22절에서 하나님은 "땅의 모든 끝이여 내게로 돌이켜 구원을 받으라"고 말했다. 이사야 55장 1절에서는 "오호라 너희 모든 목마른 자들아 물로 나아오라"며 구원으로 초청하고 있다. 하나님은 에스겔 18장 23절과 32절에서 악한 자들이 세상에서 멸망당하기를 원치 않으며 그들이 진심으로 회개하기를 간절히 바란다고 분명하게 말하고 있다(참조: 겔 33:11). 신약성경에서 베드로는 "주의 약속은 어떤 이들이 더디다고 생각하는 것 같이 더딘 것이 아니라 오직 주께서는 너희를 대하여 오래 참으사 아무도 멸망하지 아니하고 다 회개하기에 이르기를 원하시느니라"(벧후 3:9)고 기록하고 있다.

성경적인 신학은 하나님이 악한 자들의 멸망을 기뻐한다고 가르치지 않는다. 그러나 악한 자들의 멸망으로 하나님이 영광을 받을 수는 있다(참조: 롬 9:22~23). 하나님이 구원받을 자들을 미리 선택하시는 것과 만민에게 복음을 전하고 온 세상을 구원하려는 하나님의 갈망이 서로 어떻게 조화할 수 있는지, 그러면서도 하나님을 거부한 것과 정죄에 대한 책임이 어떻게 그들에게 전가되는지 이 모든 것은 신성한 비밀에 싸여있다. 성경은 하나님이 세상을 사랑하심, 죄인들을 심판하시기를 기뻐하지 않으심, 모든 사람들이 복음을 듣고 구원받기를 원하심에 대해 가르쳐주고 있다. 그리고 성경은 또한 모든 죄인들이 전부 믿을 수는 없지만 믿어야 할 책임이 있으며, 만약 믿지 않을 때 형벌을 받게 된다고 가르쳐주고 있다. 이 문제를 매듭짓는 성경의 가르침은 창세전부터 하나님이 모든 믿는 자들을 택하셨고 사랑하셨다는 위대한 사실이다.

"진리를 알게 하실까 하며"라는 말은 구원을 의미한다. Epignosis(안다)는 목회 서신서에서 네 번 사용되었다(딤후 2:25, 3:7, 딛 1:1). 그리고 각 성경구절에서 '안다'라는 말은 '구원에 관한 참된 지식'을 말하고 있다. 하나님의 마음은 잃어버린바 된 자들이 멸망당하는 것과는 거리가 멀며 그들이 구원의 진리를 깨닫고 돌아오는 것에 있다.

어떤 사람들은 디모데전서 2장 3~7절이 보편구제설(결국 만인이 구원을 받는다는 주장)을 가르치고 있다고 주장한다. 만약 하나님이 모든 사람들이 구원받기를 원한다면 당연히 모든 사람들이 구원받아야지 만약 그렇게 되지 않는다면 하나님이 원하시는 것을 이루지 못하는 것이 아니냐고 그들은 주장한다. 또 어떤 사람들은 "모든 사람들"이라는 말이 모든 개개인들을 말하는 것이 아니라 사람들을 각 등급별로 분류했을 때 각각의 등급별로 한 등급도 빠짐없이 그 등급에 속하는 사람들을 구원한다는 말이기 때문에 하나님의 뜻은 이루어질 것이라고 말하기도 한다. 그러나 이 두 가지 견해들은 문제가 있다. 우리는 하나님의 뜻에는 선포된 하나님의 뜻(하나님의 영원한 목적)이 있고, 그와는 별도로 갈망으로서의 하나님의 뜻이 있다는 것을 알아야 한다. "갈망"은 선포된 하나님의 뜻을 말하는 그리스 원어 boulomai와는 다르다. 오히려 그것은 바울이 디모데전서 2장에서 사용하고 있는 갈망으로서의 하나님의 뜻인 thelo에서 왔다고 볼 수 있다. 이것은 신학자들이 하나님의 비밀스러운 뜻과 하나님이 공개적으로 드러내신 뜻 사이를 구분하는 것과 같은 것이다.

하나님은 많은 것들을 갈망하지만 그것을 전부 공개적으로 드러내지는 않는다. 죄가 세상에 존재하는 것은 절대로 하나님의 갈망이 아니다. 그러나 부인할 수 없는 죄의 실재는 하물며 죄조차도 하나님의 영원한 목적을 이루는 한 과정이 된다는 것을 증명해 준다(사 46:10). 물론 그것을 꼬투리로 하나님이 죄를 짓게 만드는 분이라고 주장하는 것은 말도 안 되는 소리이지만 말이다(약 1:13).

예수님은 예루살렘을 향해 "예루살렘아 예루살렘아 선지자들을 죽이고 네게 파송된 자들을 돌로 치는 자여 암탉이 그 새끼를 날개 아래에 모음 같이 내가 네 자녀를 모으려 한 일이 몇 번이더냐 그러나 너희가 원하지 아니하였도다"(마 23:37)라고 말했다. 요한 머레이(John Murray)와 네드 스톤하우스(Ned B. Stonehouse)는 "하나님은 하나님의 비밀스러운 말씀들에 감추어져 아직 드러나지 않은 것들이 반드시 이루어지기를 간절히 바라고 있으며 그것을 친히 말씀하고 있다는 것을 우리는 알게 되었다"라고 기록하고 있다. 하나님은 모든 사람들이 구원받기를 원하신다. 그들이 지옥으로 갈 수밖에 없는 것은 그들이 하나님을 의도적으로 거부했기 때문이다. 성경에 나타난 택하심과 예정의 진리가 사람의 도덕적인 책임까지 면제시켜줄 수는 없다.

하나님의 독특성을 반영한다

성경의 가장 근본적인 가르침 중 하나는 "이 세상에 신은 하나님이 한 분밖에 없다는 것이다"(참조: 신 4:35, 39, 사 43:10, 고전 8:4, 6). 그것은 배타적인 종교라는 개념을 거부하는 이 세상의 다원화된 종교관에 반대가 된다. 우리는 기독교의 신, 유대교의 신, 이슬람교의 신, 불교의 신, 힌두교의 신을 평등하게 여기도록 가르치는 이 시대의 정신에 익숙해져 있다. 만약 그것이 사실이라면 구원의 길도 여러 가지가 있어야 할 것이며 전도할 필요도 없을 것이다. 그러나 이 세상에는 오직 한 분 하나님이 계시며 오직 하나님만이 모든 사람들을 구원해 주실 수 있다(딤전 2:5). 다른 이로써는 구원을 받을 수 없는 이유는 천하 사람 중에 구원을 받을 만한 다른 이름을 우리에게 주신 일이 없기 때문이다(행 4:12). 전도를 위한 기도는 모든 사람이 참 신이신 하나님께로 나아와야 한다는 것을 인식하는 것이다.

그리스도의 인격과 일치한다

하나님은 유일한 신일뿐만 아니라 "예수님도 하나님과 사람 사이에 유일한 중보자이시다." "중보자"는 두 사람 사이에 화평의 관계를 회복시키고 서약을 승인하는 일을 하는 사람을 일컫는다. 중보자라는 개념은 욥의 탄식에 보면 나온다. "우리 사이에 손을 얹을 판결자도 없구나"(욥 9:33) 그리스도가 유일한 중보자이기 때문에 모든 사람은 예수님을 통해 하나님께로 나아와야 한다(행 4:12). 영지주의가 가르쳤던 것처럼 영겁과 신들에 대한 끝없는 시리즈들은 존재하지 않는다. 우리는 천사들, 성인들, 마리아의 중보를 통해 하나님께 나아가지 않는다. "오직 참 신이시며 사람이신 예수 그리스도"를 통해서만이 하나님께 가까이 나아갈 수 있다. 히브리서 9장 15절과 12장 24절에는 그리스도를 새 언약의 중보자라고 부르는 반면 히브리서 8장 6절은 그리스도를 "언약의 중보자"라고 부른다. 그러므로 하나님께 나아오는 모든 사람들은 반드시 그리스도를 통해야 한다.

그리스도의 기름 부으심이 이루어졌다는 것을 반영한다

예수님은 우리의 죄를 담당하시고 죽으실 때 기꺼이 생명을 내어놓으셨다. 예수님은 요한복음 10장 17~18절에서 "내가 내 목숨을 버리는 것은 그것을 내가 다시 얻기 위함이니 이로 말미암아 아버지께서 나를 사랑하시느니라 이를 내게서 빼앗는 자가 있는 것이 아니라 내가 스스로 버리노라 나는 버릴 권세도 있고 다시 얻을 권세도 있으니 이 계명은 내 아버지에게서 받았노라 하시니라"고 말했다. 예수님은 자원함으로 십자가를 지셨고 단순히 자기가 가진 것을 내어주신 것이 아니라 자기 자신을 전부 내어주셨다.

'구속'이라는 말은 우리를 위한 그리스도의 대속의 죽음을 의미하는 다분히 신학적인 말이다. '구속'의 lutron은 간단한 말이 아니며 그 앞에 전치사가 붙여지면 그 의미가 더 강화된다. 그리스도는 우리를 자유케 하기 위해 우리의 몸값만을 지불한 것이 아니다. 예수님은 우리를 대신해서 우리의 자리에서 희생자가 되신 것이다. 예수님은 우리의 죄를 짊어지고 우리가 죽어야 할 죽음을 대신 죽으신 것이다.

"모든 사람을 위해 대속 제물로 자기 몸을 내어주었다"는 말은 온전한 속죄를 잘 설명해 주고 있다. 그리스도께서 지불하신 몸값은 모든 인간들을 대신해서 하나님의 공의를 만족시켜주기에 충분하다. 그러나 그 지불에 대한 효력은 오직 택함을 받은 자들에게만 주어진다. 그러므로 그리스도의 속죄는 그 충분성은 무제한이지만 적용에 있어서는 제한이 있다.

"모든 사람들을 위한" 그리스도의 속죄의 충분성 때문에 모든 인류를 위한 진정한 유익은 성립된다. 복음은 누구에게나 차별 없이 전할 수 있다(막 16:15). 생명수와 거룩한 은혜는 누구에게나 값없이 주어진 것이다(계 22:17). 그리스도는 모든 사람들이 받아들일 수 있는 구주이다(딤전 4:10, 요일 4:14). 게다가 아담의 죄로 말미암아 모든 사람들이 심판과 멸망아래 놓여 있었던 것처럼 지금은 그리스도 안에서 모든 죄인들이 은혜를 누리게 되었으며 죄에 대한 하나님의 심판도 유보되었다(타락한 천사들에게는 주어지지 않았던 특권, 히 2:16). 이것에 대해 19세기 신학자인 윌리엄 세드(William G. T. Shedd)는 아래와 같이 말한다.

속죄는 모든 인간들의 죄의 삯을 치를 수 있을 정도로 충분한 가치가 있다. 이것은 사실이기 때문에 반드시 언급되어야 한다. 그러므로 이제는 공의를 만족시키지 못했다는 주장은 없다. 이제 인간의 죄 중에 속죄 받지 못한 죄는 티끌만큼도 없다. … 그러므로 "오라"고 부르시는 하나님의 초청은 온 세상을 향한 것이다.

그렇다고 해서 그것이 모든 사람들이 구원을 받게 될 것이라는 것을 의미하지는 않는다. 그리스도의 죽음은 모든 사람들의 죄를 다 덮고도 남을 정도로 충분하다. 그러나 그것은 택함을 받은 자들에게만 유효하다. 그리스도의 죽음은 그 가치가 무한하며 모든 사람들의 죄의 값을 지불하고도 남을 정도이다. 구원은 모든 사람들에게 신실하게 또 타당하게 제공되고 있다. 그러나 오직 택함 받은 자들만이 거기에 응할 것이다. 세드는 "약이 아무리 좋다고 해도 그것을 돈을 주고 기꺼이 사먹지 않는 이상 아무 소용이 없는 것과 마찬가지다. 약은 병을 고치기 위해 파는 것이 목적이다. 그렇기 때문에 약은 모든 사람들에게 제공된다"라고 말한다.

그리스도의 속죄는 하나님이 창세에 죄인들의 구원과 관련해서 선언했던 모든 언약들을 충분히 성취해 준다는 사실을 아는 것은 중요하다. 그리스도를 거부하는 사람들의 불신 때문에 하나님의 주권적인 목적들이 좌절되는 일은 결코 없을 것이다. 그러므로 그리스도의 속죄는 구원받지 못할 사람들을 구원하려다가 실패한 시도가 아니다. 결국 하나님이 창세전부터 구원하기로 했던 모든 사람들이 구원을 받게 될 것이다(요 17:12). 그러나 이제 여기서 다시 한 번 다음과 같은 말을 반복해서 짚어볼 필요가 있다. 그것은 "하나님의 구원의 목적은 선택된 자들로 제한되지만 하나님의 갈망은 모든 죄인들, 즉 모든 인류가 다 구원을 받는 것이다"는 말이다. 하나님은 "모든 인간들이 진리를 알고 구원에 이르기를 원한다." 그래서 그리스도는 "모든 사람들을 위해 자신을 대속제물로 내어주셨다." 그리스도의 대속보다 죄인들을 향한 하나님의 마음을 더 잘 보여주는 것은 없을 것이다.

바울이 속죄를 "가장 적절한 때에 [그리스도]께서 보여주신 증거"라고 말했던 이유도 바로 거기에 있다. 이것은 갈라디아서 4장 4~5절에 구체적으로 나와 있다. "때가 차매 하나님이 그 아들을 보내사 여자에게서 나게 하시고 율법 아래에 나게 하신 것은 율법 아래에 있는 자들을 속량하시고 우리로 아들의 명분을 얻게 하려 하심이라" 그리스도는 하나님의 구속계획상에서 "가장 적절한 때"에 자기를 "대속제물"로 내어주신 것이다. 주님의 구속역사는 죄인들의 구원을 갈망하시는 하나님의 마음을 잘 보여주는 가장 감동적인 증거이다. 그러므로 모든 사람들을 대상으로 전도를 위한 기도를 하는 것은 하나님의 마음을 반영하는 것이며 그리스도께서 십자가에서 이루신 일을 높이는 것이다.

바울의 신성한 임무와 일치한다

바울은 디모데전서에 "이를 위하여 내가 전파하는 자와 사도로 세움을 입은 것은"(딤전 2:7)라고 기록하고 있다. 바울의 신성한 임무는 하나님이 우리 구주이며, 그리스도가 우리의 중보자이며, 앞에서 언급했던 바와 같이 그리스도께서 자기를 대속제물로 내어주셨다는 위대한 진리를 바탕으로 한 것이다. "전파하는 자"라는 말은 kerusso라는 동사에서 유래된 말로서 그 의미는 "소식을 전하는, 전파하는, 공개적으로 말하는"이라는 뜻이다. 고대에는 뉴스를 전하는 미디어매체가 없었다. 그래서 어떤 것을 알리고 싶거나 광고할 말이 있으면 도시 광장에서 모든 의사소통이 이루어졌다. 바울은 예수 그리스도의 복음을 전하는 공공의 전달자였다. 사도라는 말은 메신저, 그리스도를 위해 보냄을 받은 자라는 뜻이다. 그런데 만약 복음 메시지가 배타적이었다면 바울의 복음 전파는 아무 효과가 없었을 것이다.

우리도 잃어버린바 된 사람들에게 복음을 전하도록 부름을 받았다. 바울에게 주어진 신성한 의무, 즉 부르심은 모든 사람들이 구원받기 원하는 하나님의 갈망을 바탕으로 한 것이었다. 전도를 위한 기도는 우리에게 주어진 복음전파의 책임을 인식하는 것이다.

전도를 위한 기도의 가장 위대한 예는 우리 주님이시다. 이사야 53장 12절은 우리에게 예수님이 "범죄자를 위하여 기도하였다"고 말해주고 있다. 예수님은 십자가에서 "아버지 저들을 사하여 주옵소서 자기들이 하는 것을 알지 못함이니이다"(눅 23:34)라고 기도했다. 하나님은 오순절에 3천 명이나 되는 회심자들을 교회에 더하심으로서, 그리고 수세기에 걸쳐 셀 수 없을 정도로 많은 회심자들을 더하심으로 전도를 위한 기도들을 응답해 주셨다.

우리는 잃어버린바 된 사람들을 위해 기도하는가? 우리는 "나에게 스코틀랜드를 주시옵소서. 아니면 내가 죽겠나이다"라고 부르짖어 기도했던 존 녹스(John Knox)의 열정을 가지고 있는가? 우리는 "오, 주님 나에게 영혼을 주시든가, 아니면 나의 영혼을 거두어 가시옵소서"라고 기도했던 죠지 휘트필드(George Whitefield)의 마음을 가지고 있는가? 우리는 "만약 예수님이 그렇게 모독을 당한다면 나는 도저히 견딜 수가 없다"라고 말한 헨리 마틴(Henry Martyn)처럼 그렇게 할 수 있는가?

하나님은 잃어버린 자들을 위한 우리의 기도를 존중하신다. 스데반을 돌로 쳐 죽인 사람들 중에는 다소 출신의 사울이라는 젊은 청년이 있었다. 위대한 바울 사도가 구원을 받을 수 있었던 것은 스데반의 "주여 이 죄를 그들에게 돌리지 마옵소서"(행 7:60)라는 기도 때문이 아니었을까? 전도는 기도로부터 시작된다.

결론적으로 당신은 하나님과 단독의 시간을 가질 준비가 되어 있는가? 당신은 하나님 앞에 나아가 많은 것을 아뢸 만반의 준비가 되어 있는가? 예수님은 기도의 틀을 제시해 주었고, 사도 바울은 기도의 우선순위를 말해 주었다. 나는 당신이 이 두 가지에 따라 기도하면서 진정한 기도의 힘과 열정을 찾기를 바란다. 그 결과 당신은 더욱 그리스도를 닮게 될 것이며 또 많은 택함 받은 자들이 하나님의 나라로 들어가는 것을 볼 수 있게 될 것이다.

피터하우스(Peter House)는
21세기 토탈(Totar) 문서선교의 대명사입니다.
베드로서원은 문서라는 도구로 한국교회가 복음의 본질을 회복하고
선교적교회로 나아가는데 기여하고자 최선을 다하고자 합니다.

피터하우스(베드로서원)의 사역원리
Pastoral Ministry(목회적인 사역)
Educational Ministry(교육적인 사역)
Technological Ministry(과학적인 사역)
Evangelical Ministry(복음적인 사역)
Revival Ministry(부흥적인 사역)

존 맥아더의 기도의 열정

초판 1쇄 발행일 2007년 3월 20일
　　4쇄 발행일 2019년 9월 23일

지은이 : 존 맥아더
펴낸이 : 방주석
발행처 : 베드로서원
주　소 : 경기도 고양시 일산동구 고봉로 776-92
전　화 : 031)976-8970
팩　스 : 031)976-8971
이메일 : peterhouse@daum.net
등　록 : 2010년 1월 18일 / 창립일 : 1988년 6월 3일

ISBN : 978-89-7419-235-8 04810
　　　　978-89-7419-234-1 (세트)
　　　　책값은 뒤표지에 있습니다.

ⓒ이 출판물은 저작권법에 의해 보호를 받는 저작물이므로
무단 전재와 무단복제를 할 수 없습니다.